2小时玩转专利

朱健 著

清华大学出版社

北京

图书在版编目（CIP）数据

2 小时玩转专利/朱健著.--北京：清华大学出版社，2016（2023.4 重印）
ISBN 978-7-302-45317-8

Ⅰ．①2… Ⅱ．①朱… Ⅲ．①专利－保护－研究－中国
Ⅳ．①D923.424

中国版本图书馆 CIP 数据核字（2016）第 246889 号

责任编辑：彭　欣
封面设计：汉风唐韵
责任校对：王荣静
责任印制：刘海龙

出版发行：清华大学出版社
　　　　　网　　址：http：//www.tup.com.cn，http：//www.wqbook.com
　　　　　地　　址：北京清华大学学研大厦 A 座　　邮　编：100084
　　　　　社 总 机：010-83470000　　　　　邮　购：010-62786544
　　　　　投稿与读者服务：010-62776969，c-service@tup.tsinghua.edu.cn
　　　　　质量反馈：010-62772015，zhiliang@tup.tsinghua.edu.cn
印 装 者：大厂回族自治县彩虹印刷有限公司
经　　销：全国新华书店
开　　本：148mm×210mm　　印　张：5.875　　字　数：98 千字
版　　次：2016 年 12 月第 1 版　　　　　印　次：2023 年 4 月第10次印刷
定　　价：35.00 元

产品编号：070318-02

前　言

怎样申请专利？

申请专利需要多少费用？

我只有创意，可以申请专利吗？

手机 APP 可以申请专利吗？

商业模式能申请专利吗？

申请专利前需要先做样品吗？

怎样保护我的专利所有权？

改进别人的产品算侵权吗？

......

　　笔者在办理专利案件、接受咨询以及培训企业研发人员的过程中，经常听到这些问题。出乎意料的是，国内外一些龙头企业的负责人或高管，竟然也受到这些问题的困扰，对专利申请和权利保护几乎一无所知。

中国自 1985 年建立专利制度以来,专利申请量迅猛增长,现在已经成为全球 NO.1。可惜的是,超过一半的企业尚未申请专利,或者很多企业有申请专利的想法,但不知从何下手,至今仍然徘徊不前。

随着科技创新潮的到来,互联网创业高潮的兴起,越来越多的企业负责人将主要精力放到产品研发上,产品经理成为热门职位,但是对于如何保护千辛万苦创造出来的新产品却是一筹莫展。另外,大部分企业负责人在与潜在投资人接触的过程中,深知没有专利便无法向不熟悉其行业的投资人证明其技术能力的苦楚。还有,很多企业的负责人也知道,高新企业认证可以大幅度降低税率,却不清楚如何快速将自己的技术申请专利并达到认证所要求的专利量。

笔者在一次次接受咨询的过程中,一次次受邀到企业做研发培训的过程中,深知中国缺少这样一本可以给企业负责人或高管消除上述困惑的浅显的书,让他们只要在某个阳光灿烂的午后,静下心,花费一两个小时的阅读时间,便能够从战略层面到操作层面大致了解专利申请的 ABC,从而能够在读完本书之后,给相关研发人员制订专利申请方案,让他们的技术构想落地,此后,又可以将更宝贵的时间投入更加重要的产品研发和销售工作中。

本书的逻辑结构缘起于王国维的《人间词话》。书中说,古今之成大事业、大学问者,必经过三种境界:"昨夜西风凋碧树。独上高楼,望尽天涯路。"此第一境也。"衣带渐宽终不悔,为伊消得人憔悴。"此第二境也。"众里寻他千百度,蓦然回首,那人却在灯火阑珊处。"此第三境也。而对于专利从认知到申请到保护成果,也必将经过三重境界。本书将对专利的认知、申请、保护归纳为三重境界,又将"专利＋"思维巧妙地运用到企业从研发到营销的全过程,站在专利战略和布局的角度,进行深入浅出的介绍,结合经典案例,给各位企业负责人、高管、研发人员和技术爱好者上了一堂有趣的专利课。

笔者从产品研发起步,随后转行到中国顶级律师事务所从事专利律师的工作,然后到美国专利诉讼排名第一的律师事务所负责大型跨国企业之间的专利大战,再到英国及中国香港专注于专利申请和专利维权的事务所执业,最后创办了自己的事务所。相信笔者全方位的执业经历会帮助中国企业更好地运用"专利＋"的思维进行产品研发和战略布局。

本书力求精练,不说一句废话,您只需要花费两个小时,也就是观看一部电影的时间,就可以全面了解如何进行专利申请,何乐而不为呢?

让我们成为"中国制造"到"中国创造"道路上的同行者!

朱　健

目 录

第二重境界 申请专利,修成正果 /69
"衣带渐宽终不悔,为伊消得人憔悴。"

申请实操篇　/98

第三重境界　保护专利，享受成果　/137
"众里寻他千百度，蓦然回首，那人却在灯火阑珊处。"

专利保护篇　/138

经典案例篇 /159

第一重境界　认知专利，走出迷惘

"昨夜西风凋碧树。独上高楼，望尽天涯路。"

专利战略篇

答疑解惑篇

专利战略篇

? 专利有什么作用

> 专利制度就是给天才之火浇上利益之油！——林肯（美国总统）

随着科技的进步、社会的发展，"专利"这个词越来越多地进入人们的视野，甚至进入企业从研发到营销推广的各个环节，很多企业家朋友和技术人员常常会问这样的问题：

"专利到底有什么作用？"

这个问题反映出中国的专利普及仍然处于启蒙阶段，大量的新闻及政策宣传已经让越来越多的人认识到应该或需要申请专利，但对其现实价值却不清楚。笔者对此进行简单的论述，希望能够解开读者的疑团。

对于企业的运营者，专利主要有四大作用：保护技术、增加融资机会、申请高新企业认证（从而减免税收）、提高研发水平。

第一,保护技术。其重要性自然不用多说,相信大部分读者已经了解,企业将其独有的技术申请为专利,广而告之,垄断此项技术,别人未经许可不得使用,即使别人无意中使用了此项技术,也需要支付高额的成本。

第二,增加融资机会。最近几年,国内外大量的资本到处寻找投资项目,造就了大量的创业机会和融资需求。对于制造业企业而言,投资人最担心的事情就是,企业的技术是否为自有技术,其技术门槛是否足够高,产品推出之后会不会很快被山寨。笔者多次为瑞士银行、德意志银行这些国际顶尖投资银行出具专利评估法律意见,这些投资人已经将专利评估放在投资整体评估的第一步,如果专利评估结论不理想,就直接停止后续的其他评估步骤,放弃投资计划。如果企业针对其核心产品布局了一定数量的高价值专利,相信会产生相当大的竞争力和吸引力。

第三,申请高新企业认证。相信很多企业家朋友对这个认证都有所了解。政府对于高新企业的扶持力度越来越大,一旦获得此项认证,企业会得到17％的税收优惠,这对于企业而言具有极大的诱惑力。在这个认证中,最硬性的指标就是拥有一定数量的专利,而这不是一朝一夕可以实现的,需要长远的规划和积累。

第四,提高研发水平。根据笔者十余年的专利律师执业经验,大部分在华的外企研发水平仍不是很理想,其中很重要的原因是,研发人员或团队仅仅是凭一己之力埋头苦干、闭门造车,利用自己的既有经验和专业技能进行研发,最后经常出现这样的局面:研发了很长时间获得一项成果,待将辛辛苦苦准备好的资料递交给笔者准备申请专利,笔者仅用半小时便发现,几乎同样的技术多年前已经在国外的专利文件中出现。对于研发人员而言,这是一件多么悲哀的事情!不得不令人扼腕叹息、懊恼不已!如果能够在研发过程中随时站在专利申请的视角,则会及时发现之前的专利文献和技术成果,再在前人的基础上进行研发和改进,将会避免做“无用功”,企业自身的研发水平也必定会大幅提高。

对于个人而言,专利的作用也不胜枚举,主要包括:职称评定、升职加薪、创业筹备、技术论证、知名度提升、成果保护、有偿转让。

更有甚者竟然为子女申请专利,目的是中考或高考加分,这就是我们的“中国特色”吧。

？名人们为何钟情于专利

> 我们从别人的发明中享受了很大的利益，我们也应该乐于有机会以我们的任何一种发明为别人服务；而这种事我们应该自愿和慷慨地去做。——富兰克林

大部分读者可能对自己的技术信心不足，认为申请专利是技术大伽的特权。而自己企业的研发能力明显不足，产品单一，不够完美，甚至有的产品质量还存在缺陷，申请专利为时过早。

在这篇文章中，笔者通过一些例子来说明这样一个事实：对于申请专利，您现在的技术能力已经足够！您的创意也许独一无二、价值连城，您缺少的可能只是一些自信和胆识。

有些读者可能知道，美国人海蒂·拉玛（Hedy Lamarr）生于 1914 年 11 月 9 日，卒于 2000 年 1 月 19 日。十几岁的她便因惊人的美貌被一位美国导演发掘，并跟随其去柏林学习。作为出身显赫且与各国军方高层私交密切的好莱坞巨星，曾被赞誉为全世界最美丽的

女人。有意思的是,她竟然是现代无线通信的核心专利跳频技术的第一发明者,我们熟知的 CDMA、Wi-Fi 等技术都以此为基础。2014 年入选美国发明家名人堂。谁曾想到,这个名为"保密通信系统"的美国专利(专利号为 2292387),竟然出自这位好莱坞历史上最富姿色的女星。

"专利制度就是给天才之火浇上利益之油。"这是美国总统林肯的名言。

在美国历任总统中,林肯是唯一获得过专利的总统,专利名称为"让船只在浅水区漂浮的方法"(A device for buoying vessels over shoals)。

在林肯少年的时候,他的一艘船曾经不幸触底并且倾斜,因此进了水。林肯不得不卸下船上所有的货物,给船钻了个孔来放水。当林肯成为一名国会议员时,他发现船只依旧经常遭遇这样的状况。在身处国会期间,他就开始致力于自己的新发明。这个新发明由坚固的框架和充满空气的橡胶袋组成。在林肯的构想中,船长可以通过使这些橡胶袋膨胀或者缩小来改变船所受的浮力,这样即使装上很多货物也没有什么关系,不用担心搁浅。

　　林肯的故事告诉我们:解决生活中的问题,便足以申请专利。

　　我们都知道,马克·吐温是一位著名作家,他的文学作品人人皆知,可谁知道他也申请了专利?

　　目前他为人们所熟知的发明有两项。其中一项专利申请于 1871 年,是一种可调节肩带,这个发明可以快速地将衬衫在裤腰处绷紧,肩带上的扣子可以很方便地调节肩带的长短。这项发明不仅适用于衬衫,还可以用来固定内衣和女士胸衣。另外一项专利是一种自粘式剪贴簿,这项专利为马克·吐温带来了巨大收益,通过它赚取的专利费相当于马克·吐温著书收入的 1/4。

　　你是不是也从中受到一些启发?

　　很多人为迈克尔·杰克逊痴迷,他的粉丝无数,但谁又知道他还有过发明专利?

　　迈克尔·杰克逊在 Smooth Criminal(中文译名:犯罪高手)这首

歌的 MV 和现场的演唱会中，表演了"45 度人体倾斜"。而杰克逊本人为这一动作申请了专利：US5255452（Method and means for creating anti-gravity illusion）。

对此，你觉得意外吗？是不是专利申请并没有想象中的那么遥不可及？

我们应该都认识这位铁娘子——撒切尔夫人，是她，改进了甜筒冰淇淋，发明了软式冰淇淋。

正所谓："处处留心皆学问，人情练达即文章。"学问如此，专利亦是，只要你留心，生活处处有专利！

2010 年 6 月 4 日至 2011 年 8 月 26 日，菅直人任日本第 94 任首相。

菅直人出身工薪家庭，大学时代他曾发明麻将番数计算器。一位大学生，便可以作出专利，是不是说明专利很亲民、专利申请很简单呢？

1974 年，正在准备司法考试的韩国前总统卢武铉就发明

了一种改良读书台,并取得了"实用新型专利"。改良读书台可以在任何姿势下读书看报。1994年,他为政界人士开发了"人名综合管理程序"。就任总统后,他又发明了"摘柿子装置",提出了夏季"衣架椅子"和登山时消除皮肤接触不适感的"走路舒适型登山服"等发明构想。

　　读者看到这里,是不是在想,为什么这些名人也钟情于申请专利呢?是不是喜欢思考的人就能自然而然、轻而易举地拥有专利?

　　笔者认为,这可能体现了工业化国家鼓励创新的社会氛围和人们敏锐的专利意识,有了任何创意和想法,都会自然想到申请专利吧。而在我们中国,这样的意识还远远没有形成。

　　对于这些拥有专利的名人,专利发明相对于他们的主业来说,仅仅是他们日常生活或业余爱好中的灵光一闪。如果你有兴趣、有创意、有灵感,大可开动脑筋,加入发明创造的行列,找到和名人的共同点,拉近自己和名人之间的距离。

❓ 专利关乎科技企业的存亡

　　　　工具不外乎是人手的扩展，机械不外乎是复杂的工具，而发明机器的人，增长人的力量和福利。——比彻（美国教育家）

　　很多盈利状况和发展前景不错的科技企业在融资谈判中，经常会碰到潜在投资人问及这样的问题：

　　"贵公司的核心产品是否已有专利保护？"

　　"贵公司是否已经形成专利门槛，从而使得竞争对手难以在短时间内超越？"

　　这时，科技企业老板往往无言以对，从而错失难得的商业良机。

　　对于很多企业管理者而言，"企业的专利数量多意味着技术实力强"，然而，有一些技术实力强的公司，并没有一个合理的专利布局，其专利数量并不多，从而屡屡跟融资、并购等商业机会失之交臂，非常可惜。

　　专利申请战略应该成为企业管理者的一把手工程，只有管理者认识到专利申请对于企业发展的重要性，认识到专利申请应当放在企业发展的战略层面来考虑时，专利才能成为企业发展的一条捷径。是的，您没有看错：

专利是科技公司长远发展的唯一捷径,没有之一!

专利与技术实力应该有所区分。很多企业管理者认为,有了技术或产品,然后通过专利申请进行保护,这样才有价值。这样的观点对吗?

错!这样的观点过于片面,有失偏颇。

您有所不知,欧美有大量的上市公司并不制造产品,仅申请专利,通过专利诉讼收取专利许可费。您可能听过,某风生水起的智能手机制造商在仅有界面设计的情况下就声称自己已经有上千件发明专利,并成功摆脱没有核心技术的质疑。您可能还听过,某中国变压器制造商通过卓绝的专利申请策略,在国际市场上一举打败劲敌,摆脱被收购的厄运,并获得上亿元的专利赔偿。这样的案例,比比皆是,举不胜举。

总之,专利的价值,无处不在。例如:向投资人证明企业的技术实力、申请高新企业认证、降低研发成本、提高研发效率、打击竞争对手、摆脱投标中的被动局面……

可以说,专利是科技企业的护身符,对企业长久发展具有不可替代的战略价值。

？中小企业到底做错了什么

> 科研无产权，浪费血汗钱；技术无专利，廉价劳动力。发明不设防，送钱给外狼；创新不保护，甘愿被征服。——某大型国企知识产权和法律工作部主任

据报道，中国中小企业的平均寿命仅 2.5 年，集团企业的寿命也只有 7～8 年。而日本企业的平均寿命是 30 年，美国企业的平均寿命为 40 年。据不完全统计，日本有 3 146 家超过 200 年的企业，7 家超过 1 000 年的。德国超过 200 年的企业有 837 家，荷兰 222 家，法国 196 家。

我们的企业到底做错了什么？

笔者认为，一些国外的公司之所以能够基业长青，是因为它们拥有所在领域的核心专利技术和享誉世界的商标，而这两项位于制造业微笑曲线（见下图）两端的知识产权是它们利润的主要源泉和创造动力。曲线形象地表示了研发、制造、营销 3 个产品链条上的不同环节对于产品附加值的贡献。将近 20 年过去了，微笑曲线已经得到更多人的认同，并被作为制定各种产业中长期发展策略时的参考。

微笑曲线示意图

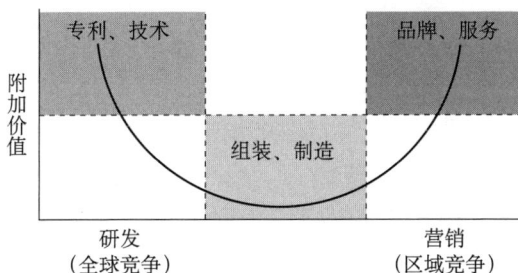

- 研发阶段的知识产权——"专利权"
- 销售阶段的知识产权——"商标权"

　　微笑曲线由三部分组成。中间是制造；左边是研发，属于全球性竞争；右边是营销，主要是区域性竞争。根据微笑曲线理论，在产业链中，附加值更多地体现在两端，即研发和营销；而处于中间领域的制造，尤其是处于中心的组装领域所创造的附加值最低。

　　微笑曲线理论虽然简单，却很形象地指出了产业未来努力的策略方向。企业生存需要持续性的附加值，而高附加值所具有的高获利潜力则能确保企业的永续经营。微笑曲线理论提供了产业发展的思考方向：所有产业的未来应向微笑曲线的两端发展，即在左边加强研发，创造专利权；在右边加强客户导向的营销与服务，创建品牌，创造商标权。

　　自 1985 年专利法实施以来，大量的中国企业（特别是行业龙头企业)开始认识到知识产权的重要性,专利布局也日益得到企业领导人的重视,但是至今仍有一半以上的企业既没有申请专利,也没有注册商标。

他们这样做错了吗?

的确,对于中小型企业而言,把生产的产品卖出去才是燃眉之急,企业能够保持资金链不断已属不易,再考虑知识产权问题实属奢侈。

但是笔者认为,对于自身处境艰难的企业而言,投入了相当多的人力、物力和财力制造出自认为具有一定市场优势的产品,如果没有申请专利,往往会出现这样的情况:产品刚得到市场的认可,跟风者便一拥而上,模仿出同类产品并挤占好不容易培育起来的市场,企业刚起步便迅速进入衰退期。这样的情形已经屡见不鲜了。

笔者曾经碰到过这样一个案例:北京一家企业,创始人从美国归国创业,投入全部身家研发一年左右推出一款填补中国市场空白的产品,由于没有获得后续投资,所以当时虽然想到了申请专利但没有做。起初半年的销售情况非常理想,但半年之后,由于同行的抄袭和山寨,其市场份额从80%迅速降为10%,创始人与笔者谈到此事,后悔不迭,但可惜"亡羊补牢,悔之晚矣"。

当然，在交了大量的学费后，中国企业也有成功的例子。华为公司每年将10％的销售收入投入研发，并将所有的研发成果都申请专利。由于手握大量专利，无论是作为被告（2003年遭美国思科公司起诉）还是作为原告（2011年以非法转让知识产权为由起诉美国摩托罗拉公司），均可傲立于不败之地。

2003年，与中国合资生产的德国大众在中国的产量只占其全球产量的14％，但是其利润的80％都来自中国，许多零部件都加价卖给国内合资厂商。通用汽车公司每辆车在美国国内赚145美元，在中国却赚2400美元。广州生产的本田雅阁牌轿车，售价比日本国内要高60％左右。

未来世界的竞争就是知识产权的竞争。诚然，除了自主研发之外，还可以通过引进和购买先进技术来实现产品创新，但核心技术是买不来的，制造业的现代化是买不来的。

近年来，我国制造业面临着产业链陷阱，赚着微薄的利润，耗着最多的能源，造成越来越严重的污染，饱受侵权制裁的压力，甚至还背上倾销的恶名。国际市场竞争的现状表明："三流企业卖力气，二流企业卖产品，一流企业卖技术，超一流企业卖标准。"为此，日本甚至提出了由"技术立国"到"知识产权立国"的口号。2008年席卷全球的金融海啸犹如一块试金石,没有自主知识产权的外向型企业,被迫减产甚至停产;有自主知识产权的企业,则受冲击较小,有的还逆流而上,成功逆袭。

以上事实表明,只有充分运用知识产权战略,不断提高企业核心竞争力,才能在国内外市场竞争中赢得主动权,取得长足的发展。

让研发成本降低 40％的专利思维

> 不掌握自主知识产权,就谈不上真正的自主创新。而核心专利是自主创新的脊梁,一项核心专利可以成就一个企业,形成一个产业。——宋柳平(华为技术有限公司副总裁)

常规的专利思维是这样的:增加研发投入→产生研发成果→申请专利→制造产品。

这样的专利思维对于中小企业而言,可以说是本末倒置、事倍功半。

正确的专利思维应该是:专利检索→专利申请→产品研发→专利运营。

两者的区别在于:前者是先自行研发,有了成果再申请专利;后者是先进行专利布局,通过海量专利检索,挖掘并申请专利,然后有针对性地进行研发和运营,这就是笔者所说的"专利+"思维。

牛顿曾经说过:"如果说我看得比别人更远些,那是因为我站在巨人的肩膀上。"这句话虽然可以理解为一种谦辞,却是千真万确的真理,正因为在前人的基础上,他才能得以轻松地建立起宏伟的经典力学大厦。

正如前面所说的,中小企业山寨他人产品的原因,是自身研发能力较弱。其实,在研发能力不足的情况下,即便抄袭别人的技术也是有难度的,例如,我们都知道西门子冰箱和洗衣机的性能好,但对于大部分企业而言,对西门子产品进行山寨仍有相当大的难度。

如何解决这个问题呢?

笔者的建议是:利用好专利这个研发工具。

专利制度设计背后的逻辑是这样的:专利拥有人将自己的专利技术公布于众,换取一定年限的独占权。

中小企业的研发团队可以利用这一制度安排,通过深入研究他人在专利文件中公开的技术细节,提高技术消化能力,并在此基础上进行技术提升和新技术的研发,通过"站在巨人肩膀上"完成技术创新。

另外,在这样的研发过程中,由于对他人的技术做到了心中有数,所以自己做出来的新产品一般也不会对他人产品构成专利侵权,将侵权风险降到了最低,一箭双雕。

另外,可以想象,由于这样的研发过程已经脱离了简单的抄袭,而是对竞争对手的产品进行细节的研究和改善,这样的过程不也是真正的研发吗?不过是在前人成果的基础上研发罢了。

通过这个过程,我们借助于对竞争对手的技术研究,利用他们的专利成果,对我们的研发人员也进行了培训,让他们有所启发,产生新的创意。

如果一直以这样的方式进行研发,经过一段时间之后,我们完全有可能研发出真正属于自己的技术和专利,生产出独一无二的产品。

当然,这样的思维应该属于"一把手工程",只有站在企业老板的立场上,这样的做法才能让企业兼顾长中短期的利益,并引导企业可持续发展。

目前,很多企业负责人及研发人员对专利申请仍抱有这样的观点:首先应该投入精力进行产品研发和创新,有了技术创新或突破后再将这些技术申请专利,从而阻止竞争对手的抄袭。

作为一位资深专利代理人及律师,笔者根据多年的经验告诉您:这样做是效率极低的方法,请立即停止、弃暗投明!

专利的应用应该贯穿技术创新的整个过程而非最后收官的工具。在技术创新之前,应该通过专利检索了解相关技术的现状,技术创新过程中,同样应该通过专利检索了解原有技术的不足以及跨领域的可以参考的技术手段,最后基于这两次专利检索的结果形成自己的技术方案,并基于技术细节的不同申请新的专利。简单地说,专利应该在研发过程中至少被运用三次,否则将是资源的浪费。

大量统计数据表明,研发过程中如果能够如前所述成功运用三次专利制度,则最终的研发成本至少可以降低40%。

您想知道具体如何操作吗?

经常有一些企业耗费巨资攻破一个技术难题,兴冲冲地将资料整理完毕,交给专利律师准备专利申请,但经过专利检索后发现,这样的技术成果早在多年前已经存在,只是研发人员还"蒙在鼓里"。因此,技术研发之前及研发过程中多次进行专利检索从而了解技术现状至关重要,很少有研发人员能够在做技术攻关前准确地说出行业现状,基本上是凭记忆和感觉,这样做风险极大。

也有一些研发人员在技术研发的过程中,有了创意但由于不知道如何实现,最终创意只能流产。其实,浩瀚的专利文献中有无穷无尽的技术方案可供参考。根据笔者十几年的经验,还没有一项技术在免费的专利文件库中是找不到的。利用好专利检索,可以极其高效地帮助您完善您的创意。

因此,对于研发人员而言,应该将躲在检索系统中的专利文件视为知己,在碰到任何问题时都首先想到与之交心,这样您的研发过程将会事半功倍。

如何通过专利赢取高额利润

多则价廉,万物皆然,唯独知识例外。知识越丰富,则价值就越昂贵。——马戈

很多企业都认为专利申请和维护是一项负担,对于如何通过专利盈利始终束手无策。

笔者在本文中借助国际上流行的"独立发明人"概念,向读者简单介绍一下如何利用最小的成本获取最大的收益。对于企业高管而言,这一概念可让研发人员认真学习,有助于获得高性价比的专利;对于发明爱好者而言,通过阅读本文,可以知道高效率申请专利的具体操作方式。

在国内,很多技术爱好者,甚至一部分发明爱好者,都有一些对于新产品的好创意。这些创意在他们的工作、兴趣、娱乐活动、日常运动、医疗实践或者散步时的思考中产生。当前的中国，已经有了较好的创新氛围，这正是产生伟大发明创造的时代。

本文的目的在于帮助有创造力但是没有足够经验的独立发明人对消费品和工业产品进行发明创造。这些产品包括但不限于：新的工具、游戏产品、玩具、园艺设备、健身器材、环保设施、厨具用品、汽车配件、医疗器械、电子设备、农业设备。

在对以上产品进行发明创造时，其中的评估、保护、市场营销等活动是非常近似的。由于具体技术构思的不同，这些步骤中的细节有所变化。

在笔者的执业过程中，很多独立发明人会询问："我有个发明，如何将其转变为新的产品呢？"这些独立发明人一般不愿意向他人解释他们的发明，以免被他人剽窃。这些发明人往往对专利和商标概念认识模糊，不清楚是否应该聘请专利代理人以及何时、如何聘请专利代理人，也不知道如何更好地对其专利产品进行推广。

本文将一步一步介绍如何将一个技术创意变为成功的商业产品；如何评估自己的技术创意，创建和测试工作模型，获得商标和专利，并最终实现技术许可。简言之，本文的目的就在于教会独立发明人从技术创意中赚钱。

什么样的人可以称为独立发明人？

任何人都可以称为独立发明人，无论其是否具有技术背景，其本职工作是否为技术研发，只要他/她在平时的生活或工作中乐于思考，能通过一些想法解决技术问题，这样的人都可以称为独立发明人。

为了让独立发明人在日常工作或生活中产生的技术创意能够最终变为商业产品并从中获利，将其技术创意申请为专利是首当其冲的事情。

本文将详细说明如何以最低的成本、最高的效率、最高的成功率进行发明并获利。

下面先举两个笔者本人碰到的例子。

两个大学同学设计了一款可编程的 LED 灯，可以通过 iPhone 应用进行控制，从而改变其颜色、光线、开关以及其他智能效果。他们将此设计申请了专利并希望通过融资完成产品的生产。问题是这个产品的定价过高，500 元！接触一些投资人之后，投资人建议他们不要自己启动这个项目，最好能够将此设计许可给 Philips 公司或其他公司，以便尽快获利从而开始新的技术设计。另一家投资公司则表示可以投入 35 万美元。笔者没有跟进这个项目，无论他们选择了哪种方式，相信对于这两位独立发明人而言都是一段受益匪浅的经历。

　　笔者的一位朋友是退休的内科医生,某一天他和妻子在散步时想到了一个他退休前做心脏手术时经常碰到的问题,当时有了一个新的想法。回家后他将构思画成草图,在和专利代理人签署保密协议后将这个构思申请了专利。一段时间后,一家医疗器械制造商找到他希望能够完善并生产这款产品,笔者帮助他审核了专利许可合同,合同额虽然只有 80 万元,但已经让这位朋友很有成就感了。

　　笔者希望这些例子能够鼓励读者大胆创新。这些发明人并不一定比您聪明,也不一定比您专业,他们可以做到,您若用心,也能做到! 更何况您还有幸读了本书,掌握了更多的操作细节呢! 具体的操作步骤是这样的。

1. 评估技术创意

　　在您投入精力和金钱之前,需要先对这样的技术创意进行评估。

　　如果您的创意是有关消费品的,例如玩具、工具、游戏机、园林设备、厨房用品、运动产品等,去销售这些产品的店铺调研会对评估有所帮助。当然,现在淘宝之类的网店也有大量同类的产品,在电商平台进行浏览也有同样的效果。

　　进行评估时,问自己以下问题并做好笔记:

　　(1) 市场上已有的产品与您设计的产品有多大的类

似度？

（2）市场上已有的产品与您设计的产品是否能够实现相同的功能？

（3）已有产品的定价如何？

（4）哪些厂家在生产这些产品？

（5）您设计的产品是否比已有产品更具优势？

（6）如何让您的构思超出已有产品？

为了确定您的构思是否比市场上的已有产品更好，以及确定是否进一步推进您的构思落地，还需要对已有产品的生产厂家及其产品进行调研。

2. 提交专利申请

为了最大限度地保护产品创意，创意成形之后必须尽快提交专利申请。

由于技术创意已经成形，整理成基础资料之后交给专利代理人就可以了，操作细节在本书的其他章节中会有详细描述。

3. 询问身边人的意见

向您周围的朋友或亲戚说明您的创意并询问他们的意见，确保他们说出真实看法，有时他们可能会担心伤害您的积极性而只说赞美之辞，这样对您毫无帮助，您需要向他们说明要将 80％的精力放在指出您构思的缺陷上。

您可以向他们提出这样的问题：

（1）您喜欢我的产品吗？

（2）如果市场上有销售，您会购买吗？如果会，您愿意出多少钱购买我的产品？

（3）我的产品优势在哪里？

（4）我的产品劣势在哪里？能不能指出两个不足之处？

（5）如果您购买了我的产品，你的使用频率会怎样？

4. 诚实地回顾技术创意

经过以上几个步骤之后，再向自己询问以下问题：

（1）我的创意如果做成产品，能正常工作吗？

（2）我的产品能完成创意中的主要功能吗？

（3）我的产品有销售市场或渠道吗？

（4）消费者会购买我的产品吗？

（5）我的产品是市场上的唯一产品吗？以后会不会很快有同质品或替代品？

（6）我的产品使用方便吗？是否需要详细的指导才能使用？

（7）我的产品成本合理吗？

5. 制造样品

现在就需要制造样品了。一个成形的样品能够给您足够的信心，确定您的产品可以用合理的成本制造出来并正常使用。

当然，样品并非申请专利所要求的，您完全可以在没有制成样品之前申请专利，只需提交示意图给您的专利代理人就可以完成整个申请过程。

如果产品比较复杂，您自己难以手工完成，就需要寻求其他公司的帮助。江苏、浙江和广东的很多工厂都有能力帮您做出样品。现在，很多国内甚至境外的独立发明人都会在这些地区找工厂帮他们做成样品或模型，制作费用也比较合理。当然，委托他们做样品之前应当先提交专利申请，以免技术外泄。为了节省成本，您可以分步骤完成专利申请，先在不缴纳费用的情况下将专利申请提交上去，并暂时不缴纳官费，如果样品的生产过程以及市场推广比较顺利，再完成专利申请即可。

6. 产品测试

通过前面的步骤，您已经确认产品可以工作并且消费者愿意购买和使用。现在，需要向其他人论证您的产品，这些人包括但不限于专利审查员、被许可厂商、合作伙伴、投资人，甚至潜在的被告。根据新产品的不同，产品测试可以采取不同的形式。

产品测试在准备专利材料的过程中以及拿到专利证书时都要进行。在测试过程中需要做以下工作。

（1）记录数据。需要在整个测试过程中对数据进行记录，记录的作用是帮助记忆整个测试过程以及关键信息，从而方便以后向其他人证明产品的性能。

（2）产品测试。对于不同的产品，测试方法是不同的，没有一种标准的方法可以对不同的产品进行测试。

如果是一种新的工具，需要在不同的使用环境中进行产品测试，以便证实产品相对于同类产品的优势。例如，对于玩具来说，需要让适龄的儿童进行操作，如果操作方便并且他们喜欢，那么可以将他们玩耍的过程及欢愉程度记录下来。如果是一种运动器械，需要让真实的运动员使用并记录实际效果。如果是一种汽车配件，则需要让汽车制造商或者至少要让汽车修理厂将配件装配在汽车上进行测试，并详细记录工作过程。测试应该在整个发明过程中进行，这样才能积累足够的测试数据以便对产品进行保护和推广。

7. 估算新产品的成本

通过前面的步骤，下面开始进行产品商业化中最重要的步骤了:成本估算。对于喜欢您产品或者钟情于您的投资人来说,您产品的定价将是至关重要的因素。

在这个过程中,您不需要联系制造商询问制造成本,但是您应当尽力估算制造成本。只有在估算好制造成本之后,您在将专利技术许可给制造商时才能确定许可费金额,而这才是您的最终收益。

首先需要对生产成本有所估算。对于能够制造产品的制造商,根据原材料、模具加工、生产设备、人员成本的总额估算,基本上就可以估算出生产成本。其次需要估算一下销售渠道的成本。对于销售环节,一般来说保留50%的利润空间是比较合适的。在估算之后,仍然需要进一步压缩至少25%的成本,这样相对来说便有了一些竞争力。

8. 对产品进行命名并申请商标

在之前的步骤中,由于已经进行了样品的制造以及成本的估算,为了准备商业生产以及市场推广,现在需要对产品进行命名并申请商标。

产品有个好的名称至关重要,众所周知,苹果的系列产品在产品名称上都下了很大的功夫,iPhone,iPod,iPad,iWatch等名称简单易记并容易传播,对于产品畅销起到了推波助澜的作用。

产品名称确定之后，将其申请为商标也是重中之重。

9. 确定产品的销售市场并对技术进行许可

发明人可以自己投入资金进行生产和市场销售，但是对技术进行许可，让别人进行制造和市场推广，可以以最快的速度让产品走向市场并获利。根据笔者的经验，对专利技术进行许可是收益最大化的一种方式，适用于大部分独立发明人。

首先需要对新产品的可能市场进行调研，确定竞品的制造商及他们的业务特色。再从中挑选一些合适的制造商，主动与其产品部门联系并发出建议书，建议书中应该包括以下内容：

（1）使用简短的语句说明产品特性并告知产品名称。

（2）使用强烈语句说明您的背景、谁会购买产品，并且已经申请专利。

（3）在建议书的正文部分简要说明产品解决了什么样的技术问题、解决了用户什么痛点、产品比竞品好在哪里、产品如何让购买者节省费用。

（4）详细说明您的产品细节，其中包括样品图片以及技术图纸。

（5）简要说明产品的生产成本。

（6）估算市场规模以及产品的大致销量（可以通过互联

网搜索完成）。

（7）告知您想要寻找什么样的公司进行技术许可。

（8）如果该公司有意,您可以发送样品并向该公司进行展示。

（9）感谢收件人阅读建议书并留下联系方式。

10. 与制造商针对许可协议进行商业谈判

与对您的产品有兴趣的制造商进行谈判并签署许可协议,在许可协议中需要约定以下事项:

（1）产品信息。

（2）许可地域。

（3）许可费金额及支付方式。

（4）许可期限。

（5）如何提供技术支持。

（6）产品质量标准。

（7）产品标注,需说明由您进行技术许可。

11. 后续工作

进行许可并将产品推向市场,并不是说您就可以等着收钱了,还应该继续努力。

首先,产品的质量是需要不断完善并提高的,只有这样,您的产品才会始终保持好的口碑,您和制造商也才能双赢。

其次，需要一直观察是否会有新的竞争公司也生产类似的产品，如果有则需要立即咨询专利律师，一方面研究如何通过法律途径对技术进行保护，防止山寨产品的出现；另一方面还需要研究如何通过不停地完善产品性能，使自己的产品始终处于领先地位。

最后，在产品完善的过程中，如果采用了新的技术，也需要继续针对新技术申请专利。只有这样，才能让您的产品成为"常青树"，为您带来滚滚财源。

如何通过专利获得竞投标优势

专利像魔鬼，总是造成天文数字般的赔偿或和解金额；专利像潜水艇，在你看不见摸不着的地方静静地威胁着周围。——顾金焰

笔者自 2014 年起一直服务于一家法国高铁零部件生产公司（出于为客户保密，在此不便透露公司名称，以下简称法国公司），该公司在高铁零部件及施工设备方面处于世界领先地位，由于中国高铁市场需求旺盛，其与另一家德国公司在中国展开了激烈竞争，两家公司经常在一些竞标项目中狭路相逢。

在这种情况下,法国公司 CEO 思量再三,决定求助于专利这个工具。

虽然法国公司已经在全球申请了上千项专利,但是要想找出用于起诉这家德国竞争对手的专利也比较困难。

在一次竞标前,法国公司 CEO 特地前来笔者所在的律师事务所,商讨对策。由于时间紧迫,笔者便想了一招——"以子之矛,攻子之盾":召集法国公司技术人员和市场人员开会,收集双方竞标产品有关的资料进行现场分析,针对德国公司的产品进行认真研究,寻找对方在专利布局中的漏洞,现场设计出新的专利申请方案,并让专利代理人连夜赶工,当天便完成专利申请的提交。第二天上午就拿到了专利申请号,下午立即撰写律师函,同时发往德国公司及招标单位,务求影响招标结果。

两周后,从法国公司获悉,此次运作达到了预期的效果,最终情况不便作具体说明。

总之,这体现了专利律师不可替代的作用,其专业技能和执业经验,可帮助客户在竞投标中取得优势,在日益激烈的市场竞争中占据一席之地。拿这个项目举例说明的目的,是让读者大致了解除了通过专利诉讼进行专利维权之外,还可以通过专利博弈等其他方式赢得想要的结果。

❓ "中国制造"为何要走向"中国创造"

　　　　没有专利局和完善的专利法的国家就像一只螃蟹，这只螃蟹不能前进，而只能横行和倒退。——马克·吐温

　　中国企业在专利问题上有过无数惨痛的教训，当然也有不少中国龙头企业尝到过专利的甜头。

　　我国在 2000 年之后曾经成为世界上最大的 DVD 播放机制造国。2001 年中国企业的 DVD 出口量占世界 DVD 总产量 70％。层出不穷的新品牌占据了大量的广告及宣传媒体，央视广告标王均为 DVD 制造商。正当形势一片大好之时，老百姓突然感觉 DVD 一夜之间消失了。

　　到底发生了什么？

　　原来，这些中国企业遭遇了八国联军跨国巨头 6C（由日立、松下、JVC、三菱、东芝、时代华纳 6 大掌握 DVD 核心专利的巨头组成的专利联盟组织）的专利侵权"旋风"。这 6 家公司于 1999 年 6 月发布"DVD 专利联合许可"声明，要求世界上所有生产 DVD 的厂家必须向他们缴纳专利许可费。2000年 11 月，6 家公司又发出"DVD 专利许可激励计划"，表示在2001 年 5 月 1 日前缴纳许可费的企业可以享受 25％的价格

优惠,并开始与中国企业进行谈判。

2002年1月9日,深圳普迪公司出口到英国的3 864台
DVD机被飞利浦公司向当地海关以专利侵权为由申请扣押;
2002年2月21日,惠州德赛公司的DVD机基于同样的理由
被德国海关扣押。

2002年3月8日,6C发出最后通牒,中国DVD企业必须
在2002年3月31日之前与其达成专利费缴纳协议并缴纳专
利许可费,否则将在世界范围内提起专利侵权诉讼。2002年
4月19日,6C与中国电子音响工业协会达成协议,中国企业
每出品1台DVD机,需要支付4美元的专利许可费。2002年
11月,6C再次提出要求:2003年内销的DVD也得缴纳专利
许可费,要价每台12美元。随后,中国电子音响工业协会又
与3C(由索尼、飞利浦、先锋公司组成的专利联盟组织)签订
每出口1台DVD向其支付5美元的专利使用费协议。此外,
汤姆逊公司收取每台售价的2%(最低2美元)为专利使用费,
杜比公司每台收取1美元的专利使用费,MPEG-LA专利组
织(由国外16家企业组成)每台收取4美元的专利使用费
(2002年调整为2.5美元)。

每台高达16～19美元的专利费,让中国DVD企业沦为
代工厂,国产品牌大量消失。由于DVD专利的高度扩展性,

受 DVD 专利事件的影响，国外厂商对制造电视机、U 盘、光盘、光盘刻录机、数码相机、摩托车等产品的中国企业也提出了缴纳专利许可费的要求。

中国企业出口一台售价 32 美元的 DVD 只能赚取 1 美元利润，而交给国外企业的专利费却高达 60%，同时 6C、3C 等专利联盟在与中国企业签订的协议中共有 3 000 项专利，而在普通 DVD 播放机里使用的还不到 10%。这种在许可专利时不加细分、捆绑收费的做法，引起了业界的不满。

2004 年 6 月，无锡多媒体有限公司在美国圣地亚哥市的加利福尼亚州南方联邦地区法院递交起诉书，状告 3C 专利联盟，指控其针对中国 DVD 企业的征收专利费行为违反了垄断法，要求判决 3C 部分专利无效以及无法执行，并追偿超过 30 亿美元的专利收费。2004 年 12 月 23 日，加利福尼亚州南方联邦地区法院受理了该案件，但未予以正式立案，理由是原告提交的证据不足。同年 12 月 28 日，东强数码科技有限公司以同样理由状告 3C，代表部分 DVD 播放机企业进行集体诉讼，诉称 3C 对其征收的专利费超过国际通行的 3%～5% 的标准，已经构成专利滥用。2005 年 4 月，美国法院仍以证据不足为由不予立案。

同一时间，香港东强电子集团在德国对飞利浦公司提起专利无效诉讼。2005 年 5 月，飞利浦公司在香港反诉东强电子集团及其 13 家附属公司专利侵权和违反专利许可协议、欠交专利许可使用费。2005 年 6 月 15 日，德国法院就香港东强电子起诉飞利浦专利无效一案作出一审判决，认定飞利浦的欧洲专利 EP0745307 在德国范围内无效。

在多起诉讼的压力下，2005 年 3 月 10 日，6C 突然表示将降低中国 DVD 专利费 1 美元。

2005 年 12 月 4 日，北京大学知识产权学院教授张平、上海大学知识产权学院院长陶鑫良、同济大学知识产权学院院长单晓光、中南财经政法大学知识产权学院院长朱雪忠、中国政法大学知识产权研究中心主任徐家力 5 位教授针对 3C 专利池中以飞利浦公司为权利人的发明名称为"编码数据的发送和接收方法以及发射机和接收机"的中国发明专利，向国家知识产权局专利复审委员会提出专利无效宣告请求。2006 年 12 月 10 日，5 位教授与飞利浦公司签署联合声明，飞利浦公司决定将该专利从 3C 专利联营许可协议的专利清单中撤出，并表示对该项专利不再主张权利。

笔者认为，DVD 专利事件实质上是跨国公司针对中国企业的一场专利围剿战，它第一次敲醒了中国制造的警钟。它告诉中国企业两件事情：

（1）"中国制造"必须走向"中国创造"了。

（2）中国企业应该尽快引入"专利+"的思维了。

与以上案例相反,中国企业在专利摸索的过程中也有过成功的经验。

深圳比亚迪公司是中国最大的电池生产企业,一直重视研发及专利战略。自 1995 年成立并涉足充电电池领域之后,在数年后迅速发展,成为与日本三洋、索尼比肩的全球第二大充电电池供应商,打破了日本厂商独霸全球市场的格局。在全球手机用户中,每 3 人就有 1 人在使用比亚迪生产的电池。

读者看到这里,应该猜到国外厂商会采取什么样的行动了。

通过之前对 DVD 事件的了解,您可能会问:难道又一场专利大战拉开了序幕?

是的。2003 年 7 月 8 日,索尼公司一纸诉状将比亚迪公司告到了东京地方法院,指控比亚迪公司 2001 年、2002 年在日本 CEATEC 展览会上展出的两款锂离子电池侵犯了两项日本专利权,请求法院禁止比亚迪公司向日本出口其最主要的六种型号的锂离子充电电池。

DVD 的悲剧会重演吗? 比亚迪公司有足够的自信应诉并承担巨额的律师费吗?

2003 年 10 月 8 日,经过精心准备,比亚迪公司向东京地方法院递交了答辩书及相关证据 38 份,比亚迪公司在整个诉讼中提交的辩论文件及证据材料将近 200 份,共计 5 000 多页。2004 年 3 月 19 日,比亚迪公司向日本专利局提起专利无效宣告请求,外界媒体称比亚迪公司此举实在是"不计风险的挣扎"。可喜的是,2005 年 1 月 25 日,日本专利局作出裁决,宣告涉案专利无效。在这种情况下,索尼公司只能向东京地方法院递交撤诉请求书,撤销所有的指控。至此,比亚迪公司在日本完胜索尼公司。

笔者深度参与的另一起案件,即浙江正泰集团诉法国施耐德公司的专利侵权案件,这是中国企业的又一次成功逆袭。

跨国企业对于专利的利用手段比较多,在 DVD 案件中,跨国企业采取的战略是先养鱼,让中国 DVD 企业发展起来后再捕鱼,从而坐收渔翁之利,以最小的投入获取最大的利润。而在浙江正泰集团的这个案子中,法国施耐德公司则想将专利诉讼作为其收购的砝码。

浙江正泰集团位于温州,创立于 1984 年,是中国输配电行业的龙头企业。正泰集团很早便开始专利申请的布局,于 1997 年 11 月申请了一项名为"一种高分断小型断路器"的实用新型专利,专利号为 ZL 97248479.5。

　　法国施耐德公司是世界 500 强企业，1979 年进入中国，看到中国竞争对手日益壮大，为了利益最大化，最好的方法是对正泰集团进行并购，正泰集团虽然同意其入股，但底线是仍然由中方控股，而施耐德的要求则从收购 80％ 的股份降到 51％，最后降到 50％，都遭到了拒绝。联姻不成，施耐德公司转而在境外提起了 20 多次侵权诉讼，从 2004 年起，施耐德公司在德国、意大利、法国等国先后对正泰集团提起专利侵权诉讼多达 18 起。

　　笔者所在的律师团队对此案倾注了大量的心血，在德国等国家多次成功无效施耐德的专利，最后 20 多次的境内外诉讼都以和解或施耐德公司撤诉而告终。但是，正泰集团虽然赢了诉讼，却因高额的诉讼费而大伤元气，严重影响了产品的出口。

　　在办案的过程中，笔者所在的律师团队多次前往正泰集团的研发部门，一方面指导其针对当时世界 500 强的施耐德公司、美国 ABB 公司、德国西门子公司的专利进行专利绕道设计，规避再次发生专利侵权的风险，并基于对这些公司专利的研究进行高效研发和专利布局；另一方面则对施耐德公司的产品进行研究，寻求机会进行反击。

　　2006 年 8 月，在被施耐德公司推上被告席 24 次之后，正泰集团同样以专利侵权为由,将施耐德天津公司及其经销商推上被告席,要求施耐德公司停止其 5 个型号的产品销售,同时向施耐德公司提出 3.3 亿元的天价侵权赔偿请求。

正泰集团最终利用这项即将过期的实用新型专利换来 1.5 亿元的和解赔偿金,同时逼迫施耐德公司撤回全部海外诉讼。

通过上面三件专利诉讼案件,读者应该能够理解中国政府最近若干专利政策的考虑:中国企业只有转型升级,从"中国制造"走向"中国创造",只有学会了运用"专利+"思维,才能拥有美好的明天!

答疑解惑篇

❓ 什么样的技术可以申请专利

凡是太阳底下的新东西都可以申请专利。——佚名（美国）

很多企业家朋友和工程技术人员在产品研发、与投资人接触及申请高新企业认证的过程中，已经充分认识到了专利的重要性，却经常困惑于这样的问题：我们的产品很多，哪些技术可以申请专利呢？

在确定专利申请的技术内容时，有以下几条经验可供参考：

（1）对于核心产品中自我判断具有一定创新高度的技术，可考虑申请发明专利。

（2）对于结构性产品而言，发明专利、实用新型专利、外观设计专利均可以考虑申请。

① 对于生产工艺、配方、产品的功能性技术，可以重点考

虑申请发明专利。

② 对于产品的内部结构，可以重点考虑申请实用新型专利。

③ 对于产品的外部结构，可以重点考虑申请外观设计专利。

事实上，根据笔者的经验，只要是可能形成产品的技术，一件产品至少可以申请一项专利。

研发人员可能会进一步提出这样的问题：是不是需要先做出产品再考虑申请专利？

笔者在前面已经做了说明，这里再次重申一下专利申请的基本制度：专利应当在外界已经看到产品或者已经知悉具体实现方式之前进行申请，否则不予保护。

因此，对于研发人员而言，只要能达到这样的标准就可以考虑专利申请了：可以画出一幅示意图，可以对身边的同事讲清楚自己的技术创意。这样的门槛是不是很低？关于仅有创意是否可以申请专利的问题，由于关心者甚多，笔者将在下一篇细细道来。

为了方便执行，笔者直接给出以下简单的标准：

（1）对于已经成形或尚未成形的产品，一件产品至少可以申请一项专利；

(2)对于能够画出示意图的技术或产品,一件技术或一件产品至少可以申请一项专利。

最后,笔者提醒制造业的朋友们,专利只是一件与产品同行的工具,并非企业经营过程中的核心事件,企业领导者以简单而高效的方式制订一个计划,然后交给研发部门的人员执行即可。

只有创意可以申请专利吗

事实上我们什么都没创造,我们仅仅是从大自然中获取灵感。——Jean Baitaillon

创意设计,就是把再简单不过的东西或想法不断延伸给予另一种表现方式,包括工业设计、建筑设计、包装设计、平面设计、服装设计等内容。创意设计除了具备"初级设计"和"次设计"的因素外,需要融入与众不同的设计理念——"创意"。

对于研发人员而言,创意通俗地说就是尚未成形的产品构思。由于企业内部的管理制度,研发人员一般认为这样的创意尚不完善,是否最终会形成产品尚不可知,但是由于自己已经对这个创意付出了一定的努力和头脑风暴,所以困惑它是否已经具备申请专利的条件。如果具备,则即使在企业内部没有能够形成最终的产品,但因为成为专利技术,所以会觉得付出还是得到了另一种形式的回报。

那么,创意可以申请专利吗?

笔者的回答是:只有创意,完全可以申请专利!

已经阅读过专利文件的人可能已经知悉,专利文件是一种典型的"看图说话"式的技术资料,只需要配合示意图将一项技术原理说清楚即可,不需要具有产品上市的标准。否则很多企业每年几千件甚至上万件的专利申请是怎么做到的呢?

但是,仅有能够口述的创意文本仍然是不够的,至少需要一幅示意图以及对简单技术原理的文字论述。专利局在审查专利申请时,把握的标准是:具备所有技术手段的同行业的工程师通过阅读专利文件能够做出专利产品或实现专利目的,就可以获得专利权。

其实很多咨询者所说的"创意"指的是技术创意或技术构思,并非我们平时所提到的艺术创意。

在这样的技术构思中,技术爱好者在日常生活或本职工作中,有了一些通过技术手段解决问题的想法,但苦于技术条件受限或企业老板不同意投入实现产品化。这样的技术创意如果浪费了,实在可惜。并且经年累月的受挫,也会使技术人员的创新能力及积极性大打折扣。

如何解决这一问题呢？

让我们从两个不同的身份角度进行说明。

如果您是企业老板。您应当鼓励技术人员记录下平时的所有创意并整理成册，这其中可能会诞生您企业的下一代产品，实属企业的财富。当然如何进行鼓励，例如进行适当的奖励，这属于管理范畴，不在本书的论述范围。这样的创意手册，建议由专门人员进行管理和整理，对于有价值的创意，应该首先申请专利，再进行落地，这样一方面可以调动技术人员的积极性；另一方面也可以作为企业研究工作的有力补充。一举两得，何乐而不为呢？而且这样做比逼着研发人员开发产品的效率要高。

如果您是技术人员或发明爱好者。平时出现创意之后，也可以进行记录，不要浪费创意。如果您有创业的长期打算，可以与企业合作，做成产品样品，进行市场试销，说不定这会成为您的事业呢。如果您只是个人喜好，那可以先将其申请为专利，再作打算。获得专利证书后，您有三种做法，一种是自己进行一些投入，将其变为产品；第二种做法是出售专利；第三种做法是对专利进行许可。

我们只有善待创意，中国才能甩掉"没有创新"这顶帽子。

❓ 软件能够申请专利吗

> 我就希望中国人盗版我的软件。这样，他们最终会埋单的。——比尔·盖茨

软件专利是指通过申请专利对软件的设计思想进行保护的一种方式，而非对软件本身进行的保护。

对软件本身的保护主要依据《专利法》和《著作权法》。

从客观情况来讲，软件的专利保护实际操作起来比较麻烦，它不像著作权，是直接备案登记的，即使著作权人不登记备案，只要是你自己创作的作品，就理所当然地取得该作品的著作权。软件专利保护在你有某个完好的创意时就可以申请了，就算该发明还没有成功完成。因为在专利保护上，我国实行的是先申请制度，谁申请在先，谁就享有该专利权。

从理论上讲，对软件设计思想的保护与对软件本身的保护相比，保护力度要大得多。因为对软件本身的保护，仅仅是保护了一种具体的编码程序，而对软件设计思想的保护则实现了在此设计思想下所有可能编码形式的打包保护。

在我国，软件专利的起步时间比较晚。因为在 2006 年之前，基本上不批准软件专利，必须软件与硬件结合后才能申请专利。随着网络技术和软件技术的发展，我国的专利审查制

度也在不断更新，最近，软件的设计思想本身已经被允许单独申请专利，而不再要求必须与硬件结合。但是，软件专利的撰写要求比较高。

根据审查标准的要求，软件专利可以写成产品也可以写成方法形式。但不管写成哪种形式，在突出该方案的创造性方面都难以处理，需要具体案例具体分析。

可以得到专利保护的软件主要包括（不限于）：

（1）工业控制软件，如控制机械设备动作。

（2）改进计算机内部性能的软件，如某软件可以提高计算机的虚拟内存。

（3）外部技术数据处理的软件，如数码相机图像处理软件。

（4）软件中所用到的算法，如控制方法、图像处理算法、加密算法。

可以说，相当一部分的软件属于第（3）类。

专利的保护办法详见《专利法》《计算机软件保护条例》。

随着"互联网＋"的兴起，互联网企业四处寻找能够保护其互联网创新模式的途径，"专利"这一高大上的权利很快进入他们的视野。这就带来了这样的问题：

"软件（甚至游戏软件）能申请专利吗？"

对于这个问题,大部分专利代理公司的回答是:不能!

说软件不能申请专利,是基于这样的考虑:专利不保护商业模式,仅保护解决实际技术问题的方案,只有用于工业控制的软件才能申请专利。

笔者认为,通过专利对基于"互联网+"的各种应用进行保护,有利于大众创业的大环境,也有利于企业的创新,可谓"有百利而无一害"。但为什么主流观点认为不行呢?

回归问题的本源,如果允许对商业模式的创新申请专利,即对例如银行的"按揭"制度或是淘宝作为交易平台的商业模式进行专利保护,则会扼杀大量的商业活动,影响整体经济的平衡发展。从这个角度来看,不允许互联网应用(即大量运行于移动终端上的APP)或是基于互联网的软件申请专利便是合情合理的。

但是,从另一个角度来看,互联网应用及基于互联网的软件产品(例如游戏产品)中采用了大量的计算机技术,例如数据库技术、云存储技术、搜索引擎技术、云计算技术等先进技术,如果一棍子将其打死,很明显是不合理的。

笔者曾经作为德意志银行的专利律师为金山软件公司在美国上市出具专利评估法律意见,基于微软的全部在华专利对金山WPS软件进行专利风险评估。作为微软这样的公司在中国布局了大量的专利，金山 WPS 软件由于界面与微软的 Office 软件非常相近，因此，作为承销商的德意志银行对之进行风险评估便是理所当然。对于国人来说，大部分都会认为 WPS 一定存在抄袭及山寨行为，令人意外的是，从法律层面来看，笔者的最终评估意见竟然是：不侵权。

从这个案例可以看出，专利法对软件的保护有其独特的地方。当然，微软的专利申请也有明显的缺陷或漏洞，主要源于其专利律师对中国的法律不够了解。

通过苹果公司在中国商标上所吃的亏，我们大概能够了解，由于其法律服务没有本土化，所以缺陷明显，我们的中小企业完全有机会超越他们。

那么，软件专利申请有哪些要点呢？下面来详细介绍一下。

1. 软件领域专利申请的基本特点

软件领域中对软件的改进通常需要申请发明专利来保护，保护的技术内容是软件开发的核心思想，而非仅仅保护代码。最近几年，中国软件企业也逐步重视软件专利的申请，申请量逐年增加。腾讯科技（深圳）有限公司是中国公司在软件领域申请专利最多的申请人之一，截至 2009 年底一共公开了 1 700 多项专利，其中，发明专利占绝大多数，非发明专利仅有两项;已授权的发明专利也有 500 项左右。腾讯科技申请专利是围绕即时通信工具,主要在计算机网络领域保护自己的一个个创新。

2. 软件领域技术资料准备的提纲

以软件系统及实现方法为主,技术/产品创新主要基于软件系统、软件算法,申请时应考虑提供以下内容。

(1)已有软件/算法的不足。即说明与本专利的内容最相似的软件/算法,需要说明已有软件是由哪些模块组成,各模块的连接关系,各模块的作用,可结合模块组成图(若是软件算法,可说明已有算法具体包括什么步骤,可结合流程图);同时指出已有软件/算法的效果如何,尤其指出与本专利相比,原有软件/算法存在的缺点或不足。如有引用文献,需要说明出处。对原有技术的介绍尽可能详细,可附模块组成图、算法流程图。

(2)本专利的内容。应说明本专利达到目的或解决问题的技术手段,包括软件主要是由哪些模块组成,各模块的连接关系,各模块的作用,可结合模块组成图(若是软件算法,可说明已有算法具体包括什么步骤,可结合流程图)。写明本专利的工作原理,本专利与现有技术的区别。本部分可结合图表说明。

（3）本专利的效果。主要有工作性能的提高，制作成本、能量损耗的减少，稳定性的增加，操作、控制、使用的简便，以及其他有用性能的增加。

（4）附图与说明。软件模块组成、算法流程的图解，附图应以电子制图或流程图的标准绘制，而非扫描图，使专利工作人员可直接在附图上编辑修改，实用新型申请必须带附图。

（5）本专利的具体实施例。对照附图，说明本专利的具体实施方式，必须有详细的描述，包括附图中各具体模块功能介绍及流程图中各个流程具体的功能。最好提供相应的技术参数、数据来具体说明有益效果，可同时提供原有技术的参数数据进行对比。

案例——《车辆诊断仪的标定软件管理系统及方法》

1. 已有软件/算法的不足

随着汽车电子技术的飞速发展，车辆的功能复杂性日益提高，安全、环保、节能方面的法规要求日益严格，舒适、灵活、个性化的客户需求千差万别，市场竞争全球化，使开发周期不断缩短，大量的电子控制器在汽车中广泛使用，导致车辆的诊断仪开发面临巨大挑战。

汽车在开发过程中，需要根据目标市场要求、法规要求、车型配置要求等对控制器进行整车标定。例如发动机控制器、空调控制器、车身防盗控制器、自动变速器控制器、车身稳定控制系统(DSC)控制器、刹车防抱死系统(ABS)控制器、仪表控制单元等。

汽车进入市场后,针对法规要求的变化、发现的问题和市场中客户的反馈,对各控制器进行重新配置和标定。在售后维修保养中,同种车型的控制系统会有不同的零件配置,需要不同的标定软件进行刷新。

在车辆诊断和标定软件刷新过程中通常使用诊断仪,当需要更新车辆控制器标定软件时,通过诊断仪的通信接口与车辆诊断接口连接,例如 SAE(美国汽车工程师学会)J1962标准接口,将新的标定软件刷新到车辆的相应控制器中。由于车辆功能日益复杂、车型众多、控制器日益增多,传统的标定软件刷新方法不但容易出错,而且效率低下。

2. 本专利的内容

请参阅图1,本发明揭示了一种车辆诊断仪的标定软件配置管理系统,该系统与车辆诊断仪通信,所述系统包括配置数据库11及分别与所述配置数据库11连接的标定软件库12、控制器格式文件14、配置报告15、标定加密软件包16。

所述配置数据库11用以维护各个车型的控制器信息13,该控制器信息13至少包括零件编号结构、车型的配置信息,

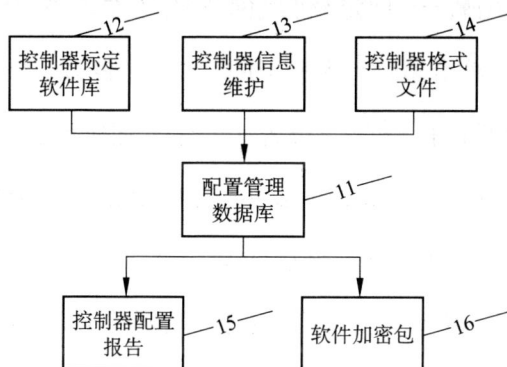

图 1

所述零件编号结构包括总成号、硬件号、软件号、网络号、标定号、优选地,所述零件编号结构还包括零件的配置特征值、特殊配置的传感器、特殊配置的执行器、特殊配置的目标市场。所述配置信息包括起止车辆识别号、EOBD、年份车型、日期、所配置的硬件信息。所述配置数据库 11 还用以维护零件编号的可用性、发布状态,同时维护零件软件与网络软件的兼容性。

所述控制器格式文件 14 用以对各控制器的信息进行设定。所述配置报告 15 用于对车辆诊断仪所诊断的车辆控制器及其标定软件是否需要更新进行判断。所述标定软件库 12 用以存储所述车辆诊断仪所需的应用软件、标定软件、网络软件。所述标定软件库 12 还设置所述配置数据库中零件编号与该软件包的链接。所述标定加密软件包 16 包含对控制器所需要的应用软件、标定软件、网络软件加密，把所述配置报告15分别发送给车辆诊断仪，更新车辆诊断仪。

车辆诊断仪接收配置报告15、标定加密软件包16，读取车辆的零件编号结构和控制器的信息，根据所述配置数据库、配置报告进行判断、抽取合适的标定软件，对车辆进行刷新。配置报告为上述应用软件、标定软件、网络软件的配置说明。所述车辆诊断仪生成配置管理报告的同时，还从所述控制器标定软件库中提取需更新的软件、更新的加密软件包，用于更新车辆诊断仪。

请参阅图2，以下结合图2介绍一种利用上述系统的标定软件配置管理方法，包括如下步骤：

步骤0：任意车型或控制器更新。

步骤1：提供一配置数据库，该配置管理数据库维护控制器零件信息和文件库，并将软件库加密打包，存入软件库。所述控制器零件信息至少包括零件编号结构，该编号结构包括总成号、硬件号、软件号、网络号。

步骤2：打包软件库发送给维修站，更新诊断仪。

步骤3：获取被诊断车辆控制器的硬件号，该硬件号对应该车控制器的配置信息；同时获取车辆的特征键、车辆识别码，查询控制器配置报告，上述特征键包括控制器的所有特征。

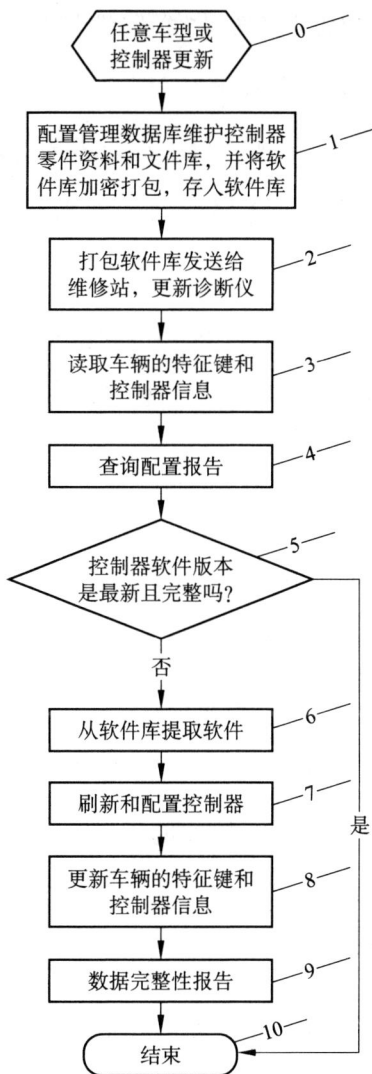

图 2

步骤 4：根据被诊断车辆控制器的硬件号，查询控制器配置报告。

步骤5:判断被诊断车辆软件版本是否需要更新;若需要,执行步骤6,否则转向步骤10。

步骤6:从标定软件加密包中提取需要更新的软件。

步骤7:用步骤6中所提取的软件刷新被诊断车辆的控制器。

步骤8:更新控制器特征键和零件信息。

步骤9:生成被诊断车辆控制器的数据库完整性报告。

步骤10:结束。

3. 本专利的效果

本发明的有益效果在于:本发明通过更新车辆诊断仪控制器的软件库来更新诊断仪控制器,能够进行统一高效的管理,提高了更新控制器配置的灵活性、完整性、严密性和诊断效率,适应了车辆发展的未来需求,可持续对复杂程度日益增长的车辆控制器进行完整、快速的配置。

申请专利要花多少钱

> 专利只有被引入经济领域,创造了价值,才能称其为创新。——美国国家竞争力委员会(2004年《创新美国》计划)

意欲申请专利的企业最关心的便是费用问题,例如:

专利申请贵吗？

专利申请要花多少钱？

专利申请的代理费用是多少？

专利申请如何才能不花冤枉钱？

……

您可能已经知道，专利有三种类型：发明、实用新型和外观设计。发明的创造性最高，外观设计最低。

据初步了解，目前发明专利的代理费价格每项 5 000 元到 20 000 元，实用新型专利的代理费价格每项 3 000 元到 6 000元，外观设计专利每项 1 000 元到 3 000 元。价格相差这么大，区别在哪呢？

在说明费用标准之前，应该先简单了解一下专利申请的几项主要工作。

标准的专利申请过程并不复杂，一般来说，为了保证获得高质量的专利文件，专利申请有四个重要节点：专利挖掘、专利检索、专利撰写、必要情况下的二次发明。

（1）专利挖掘是针对没有太多专利申请经验的企业而开展的服务内容。可以采取在企业开展现场培训或是直接在生产车间通过询问的方式，一方面让专利律师了解企业的技术及产品；另一方面也让企业的管理者及研发人员了解：哪些技术是可以申请专利的？如何申请专利才是对企业最有效率的？如何结合专利申请的目的实时制定专利申请策略？

（2）专利检索是指在专利申请前先在世界范围内查询一下是否已经存在类似的技术，如果已经有类似技术，则应该放弃申请，或者进行技术改造之后再申请专利。

（3）专利撰写是指在上述工作已经完成的情况下，基于现有的技术资料，完成整个专利申请文件的撰写。

（4）必要情况下的二次发明是指专利律师通过第二项工作即"专利检索"之后，基于检索结果认为欲申请专利的技术高度不够，通过与发明人的合作，对技术方案进行调整，俗称"二次发明"。通过这项服务，技术得以提升，从而大幅度提高授权的可能性，最终的专利技术仍归发明人所有。

由于服务项目的不同，所以价格也有非常大的差距。大部分专利代理机构仅做第三项，即"专利撰写"工作，所以其服务质量难以得到认可，发明人甚至认为他们做的工作只是复制和粘贴，专利律师对于发明人的技术甚至都还没有理解便已经完成了专利文件的撰写。

笔者认为，第一次申请专利还是应该寻求有全面经验的专利律师，一般来说，经验丰富的专利律师会向发明人提供从发明申请策略、专利申请、专利保护到专利运营全方位的咨询,并能够将专利代理工作前移,深度介入发明人的发明过程。如果发明人经过这次专利申请,对专利有了一定的了解,之后的专利申请可以尝试由自己独立完成。

申请专利需要聘用专利代理公司吗

　　知识有两种,其一是我们自己精通的问题;其二是我们知道在哪里找到关于某问题的知识。——约翰生

很多专利发明人认为专利代理公司撰写后的专利申请文件只是其所提供的技术资料的简单拼凑,收费几千元到几万元,着实不值,因此产生了这样的念头:干脆不聘用专利代理公司,自己干!

对于这样的想法,着实可以理解,也令人敬佩。

但是,是否真的可以自己干? 需要区别对待。

如果发明人之前已经通过专利代理公司申请过专利,并且对专利申请的过程有一定程度的了解,而专利申请的目的仅仅在于获得专利权,从而满足职称评定、获得政府的专利申请补助等,并没有以后进行专利保护、维权、推广和运营的想法,则可以自行完成专利申请。

如果专利申请人是企业,希望通过专利保护关键技术,打击竞争对手,或者希望通过专利运营提高企业的科技创新能力,则应该聘请有经验的专利律师进行指导及代理。

如前面一篇文章《申请专利要花多少钱》中所述,标准的专利申请过程包括四个重要节点:专利挖掘、专利检索、专利撰写、必要情况下的二次发明。这四个节点中包括很大的工作量,而且具有很强的专业性,专利代理人在申请的过程中具有不可替代的作用。如果还要考虑后续的专利保护和专利运营,更是离不开专利律师的职业技能了。

山寨企业需要申请专利吗

如果学生在学校里学习的结果是使自己什么也不会创造,那他的一生将永远是模仿和抄袭。——托尔斯泰(俄国文学家)

笔者曾代理过一家德国企业在华专利维权案,被告是杭州一家企业,被告山寨的产品惟妙惟肖,在德国连续三年被评为带有讽刺意味的"最佳仿冒奖",诉讼最终取胜在意料之中。令笔者意外的是,由于此侵权案件的国际影响,此案件被评为当年度最高人民法院典型知识产权案件之一。

中国制造的兴盛令国外企业羡慕忌妒恨，从而给中国起了一个外号——"山寨大国"，以诟病中国不尊重知识产权。

其实，可能很多人不知道，从模仿到创新，山寨大国的鼻祖却是另一个国家——日本。一千多年前效仿中国长安城的日本奈良，如今被称为"亚洲罗马"；和服也是仿照中国隋唐服式改制的。然而，真正促使日本走向强国道路的还是科学技术上的山寨之路。在明治维新时期，日本就开始了全盘西化，德国的矿山冶炼厂、法国的缫丝厂、英国的军工厂都在日本的工业化进程中起到了标杆的作用。

以笔者之见，山寨是创新的必经之路，但要把握好对原创者劳动的尊重以及给予一定程度的利益保护。

山寨即模仿，所谓先学习后创新，所谓站在巨人的肩膀上，笔者认为这些论述都从一个侧面说明了山寨的重要性。

当然，同样是山寨，有高级版本的山寨，亦有低级版本的山寨。

低级版本的山寨更像是知识产权的偷盗者（注：西方国家往往喜欢用这样的贬义词来形容中国企业），这些企业或个人仅关注眼前利益，看什么产品销路好便在最短的时间内进行山寨，只要没有被查处或被诉讼，就一边山寨一边点钞票，全无超越原创者、优化产品之念。这样的山寨于国于民有百害而无一利。

高级版本的山寨则是国家之幸,而这样的民族企业也很多,华为、中兴、海尔、联想、格力、小米等企业都已经从山寨中走出来,他们的山寨、山寨基础上的创新、意在超越国外原创的野心,是中国企业的脊梁。他们所走的道路正是山寨鼻祖日本的索尼、松下等企业当年走过的路。

与传统制造业企业相映衬的是,中国很多互联网企业像阿里巴巴、百度、新浪等,起先也是在做山寨,但与此同时的创新使它们得以更好地生存。连腾讯英文名称 Tencent 也与世界著名资讯公司朗讯 Lucent 有几分相似,更有好事的网友列出了长长一串腾讯的"模仿"名单:腾讯 QQ 模仿 ICQ、腾讯 TM 模仿 MSN、QQ 游戏大厅模仿联众、QQ 对战平台模仿浩方对战平台、QQ 团队语音模仿 UCTalk、腾讯拍拍模仿淘宝、财付通模仿支付宝、QQ 拼音输入法模仿搜狗输入法⋯⋯但模仿之后,"超越"成为腾讯的主旋律,其中 QQ 游戏平台很快便将联众赶下了中国第一休闲游戏门户的宝座。

那么,什么样的山寨方式才是高级版本的山寨呢?有没有实操性比较强的可执行的技巧呢?

读到这里,相信您已经考虑到了这样一种山寨转型的捷径:专利。

很多企业的老板对于专利的理解仍停留在这样的层面上：企业有了技术创新，为了制造技术门槛，为了防止同行抄袭，在这种情况下将技术申请为专利，这样就可以在很长的时间里对这项技术进行垄断，从而保护之前的投入以及之后的市场。

事实上，这样的理解无可厚非，但是过于片面，从某种程度上来说，这样的观点也是山寨的，抄袭的是世界500强企业老板的观念。

对于大部分中国企业而言，至少漏了以下几个方面的思考。

（1）如果仅在产生技术之后再想到专利，那么已经错失了利用专利大幅度降低研发成本的机会。据笔者长期对众多企业研发部门培训的经验来看，研发过程中阅读大量竞争对手的专利至少可以降低40％的研发成本。笔者对亲自指导的企业研发工程的要求是：每天至少阅读10篇国内外同行的专利文件。其背后的逻辑是这样的：专利制度要求在产品生产之前申请专利，否则同行通过反向工程做出来的产品即使完全一样也不构成侵权，在这样的前提下，通过阅读同行的专利文件基本上可以得知他们的研发方向以及最新的技术，相当于我们在各个竞争对手公司里都派了免费的技术间谍，何乐而不为呢?

(2)如果仅将专利落在自己当前的产品中,视野过窄! 笔者经常跟客户企业强调这样一个理念:很多企业与上下游企业或代理商的关系非常微妙,相互合作又相互制约,如果对他们的技术进行适度创新并申请专利,那后果会是怎样呢? 相信读者很容易想清楚这个问题。事实上,一些有远见的制造业企业已经在这么做了,例如富士康,截至 2014 年第一季,富士康在全球累计申请了 12.84 万项专利,中国大陆前 10 名的科技类公司,专利总和都不如富士康。富士康的专利,最早集中在 PC 连接器领域,这是它的老本行。后来,开始全面涉足系统、整机,并跨出 PC,走向通信、半导体、面板、材料化工、汽车等众多领域。10 年前其大多数专利都在连接器部分,占94%,但到了去年,连接器只剩下 24%,其他如网络通信、精密光学、无线通信、LED、平面显示、纳米技术、PC 系统等,布局已经有很大转变。富士康在代工企业中一家独大,估计像苹果、三星这样的企业都考虑到了这样的因素:如果中断与富士康的合作,可能会惹祸上身。

(3)小型创新型企业由于精力及经费用限,仅对主要产品中的核心技术申请专利情有可原。如果企业已经具备了一定的实力,考虑到将来的产品迭代,那么提前进行技术研发及专利布局是必需的,原因自然无须多言。

仍戴着"山寨"这顶帽子的企业,可以行动起来思考企业的未来了!

互联网企业如何避开不能申请专利的误区

> IT = IQ(Talents 人才)+IP(Intellectual Properties 知识产权)。——张亚勤(微软副总裁)

马云曾经说过:"梦想是要有的,万一实现了呢?"

就这么一句话,让无数的少男少女染上了"创业瘾",义无反顾地提出辞职,然后怀揣自己的梦想,走上追梦之路。如今不论是新兴的科技媒体还是传统媒体,都充斥着"创业"的味道。

另外,由于政府对"互联网+"的宣传及鼓励,大量的互联网创业项目诞生了,随之而来的互联网应用应运而生。大部分互联网应用都耗费了创业团队的无数心血,他们担心被跟风,担心被山寨。在这种情况下,向知识产权要解决方案便是自然而然的事情,而知识产权中专利的保护力度最大,所以会首先被考虑。

一些创业团队询问了身边对专利稍有了解的人之后便开始失望。大部分专利律师给出了这样的回复：互联网应用属于商业模式，不能申请专利，只能进行版权备案。

事实上，只要是技术都可以寻求专利的保护。

在互联网应用中出现的各种商业模式背后是需要很多技术支撑的。以马云的阿里巴巴为例，其成功之处主要是商业模式的创新，并非技术大伽。但从公开数据显示，截至2015年阿里巴巴便已经申请了2 800项专利，其通过专利保护商业模式的意图显而易见。另外，像亚马逊、滴滴出行等平台，也都以通过申请专利保护自己的核心利益。

笔者所在的事务所位于创业盛行的北京，平常咨询这一问题的人相当多，其中大部分咨询者之前都已经被其他专利律师拒绝。

针对这部分咨询者，笔者一般会跟他们强调以下几点。

第一，互联网创业项目中的技术内容应尽快申请专利。让我们设想一下，如果你是投资人，面对正在运营类似项目的几位创业者，其中一位创业者说他的公司已经拥有10项专利，而其他创业者都只是空口说他们的技术优势，结果会怎样？

第二，互联网应用中的技术内容在申请专利时不要局限于当前产品本身，应该拓展思路，思考一下这样的技术是否可以跨界用于其他场合，如果在申请专利时体现出来，往往会将专利价值提高百倍。

第三，在将互联网应用申请专利时，应当尽量将商业模式创新中需要解决的技术问题提炼出来，以免在专利局审查时认为这样的应用并不涉及技术创新。

第四，在将互联网应用申请专利时，除了常规的软件应用外，还应进一步考虑，这样的软件应用是否可以用硬件实现，如果可以，则保护力度会翻番。

第五，受淘宝的启发，很多互联网应用都想做成平台，这时候要考虑在申请专利时尽量用技术语言来描述这样的平台，例如，不要描述为"让大量的其他商家在此平台上进行交易，平台仅收取佣金"这样的语句，而应该描述为"此平台允许多台计算机终端接入并收发数据，此平台的验证流程比其他平台有所改进"等。

以上看法仅为抛砖引玉，希望能对互联网领域的创业者有所启发。

第二重境界　申请专利，修成正果

"衣带渐宽终不悔，为伊消得人憔悴。"

挖掘技巧篇

申请实操篇

挖掘技巧篇

如何进行专利挖掘

> 知识好像沙石下面的泉水，掘得越深越清澈。——佚名

很多企业负责人采取了大量措施鼓励研发人员申请专利，但是研发人员由于对专利一无所知，因而不知道如何挖掘专利，也就是不知如何从技术中提炼专利。

如何进行专利挖掘呢？

专利挖掘是指研发过程中，对正在研发的技术及所取得的技术成果从技术和法律层面进行剖析、整理、拆分和筛选，从而确定用以申请专利的技术创新点和技术方案。简言之，专利挖掘就是从创新成果中提炼出具有专利申请和保护价值的技术创新点与技术方案。

笔者从专利挖掘实务出发，总结这十几年为企业服务的经验，创造性地提出了"专利挖掘七步法"，希望可以帮助企业解决专利挖掘的难题。

下面对七步法中的每一步骤进行详细介绍。

第一步:确立专利申请目的。

这一步是专利挖掘的基础,相当重要。

如果您申请专利的目的就是拥有更多专利,或者是为了进行高新企业认证,或者是为了职称评定,那么就非常简单了。基本上您手头所有的技术内容及正在研发的技术(无论是否已经成行)均可以申请,而且,只要您愿意,一家企业每天完成 10 项以上的专利申请也完全可行。

如果您申请专利的目的是打击竞争对手,在招投标的过程中通过专利维权影响投标结果,那正常的做法是:研究竞争对手的产品,并有针对性地申请专利,确保专利申请一旦成功就可以针对竞争对手采取法律措施。笔者曾经帮助一家法国公司在两天之内完成专利挖掘和申请并在第三天向其德国对手及招标单位发出律师函进行专利维权,最终获得理想的投标结果。

第二步:整理手头的技术资源。

建议用列表的方式或者思维导图的方式对手头已经掌握的技术进行归纳整理,研究竞争对手的技术,寻找专利盲区。

一般来说,您手头的技术无论是否先进,只要是您特有的技术,经过专利律师适当的整理,基本上都可以申请专利。只是根据您技术的创新高度,可以申请的专利类型有所不同,创新要求从高到低划分,分别可以申请发明专利、实用新型专利和外观设计专利。

第三步:确定作为专利申请基础的技术。

从手头的技术资源中提取出与企业产品相关的技术,并再次确定是否属于企业所有。将这些可以申请专利的技术清单列出,以便进一步与专利律师进行沟通。

第四步:完善技术内容。

对准备申请专利的技术进行完善。完善的标准是:确定初级工程师可以通过阅读完善后的技术资料,完全能够实现专利技术,或者简单地说,可以做出使用该专利技术的产品。

第五步:区分出核心技术与周边技术,关注上下游核心技术。

基于企业核心产品,对技术进行分类,区分出核心技术与周边技术,并进行适当布局。对于核心技术,进行技术拓展,研究是否能够跨界应用。如果是一家汽车制造商,对于核心技术,不但可以针对汽车申请专利,而且可以针对原材料的生产工艺申请专利。而对于周边技术,重点是做好一定数量的专利布局,以遏制竞争对手。

第六步：确定专利申请类型。

专利分为三类：发明、实用新型和外观设计。发明专利保护范围较广，但授权难度较大，保护时间较长，有效期为 20 年。实用新型专利和外观设计专利仅保护结构性技术方案，授权相对容易，保护时间较短，有效期为 10 年。对于产品周期不长的技术，建议申请实用新型和/或外观设计专利。对于产品周期较长，技术投入较大，技术创造性较高，或者属于配方或生产工艺的技术，建议申请发明专利。对于发明专利，由于投入较大，建议在申请前进行专利检索，以便将申请风险降至最低。

第七步：与专利律师共担风险。

对于核心技术或者专利授权期望较高的技术，申请人还可以拿出最后一张王牌——与专利代理律师签署风险代理协议，要求专利律师承诺：如果不授权全额退还代理费。对于同意这一承诺的专利律师，一方面说明他们对于自身业务能力有足够的信心；另一方面也会迫使他们投入更大的精力进行专利检索及分析，在必要的情况下还会进行二次发明，并将专利代理工作前移至研发阶段。总地来说，这对专利质量增加了至关重要的一重保障。因此，这样也可以进一步提高专利挖掘的质量。

以上"专利挖掘七步法"是笔者多年来帮助企业解决迫切需求的经验总结，能够有效地提高企业专利挖掘和申请的质量与效率。

快速发明工具 TRIZ

> 知识本身并没有告诉人们怎样运用它，运用的方法乃在书本之外。——培根

笔者经常碰到这样的问题，研发人员苦于难以产生新的技术创意，询问笔者是否有这样一种工具，能够帮助技术人员解决工作中的技术难题，并快速形成专利方案。

可喜的是，的确存在这样一种工具：TRIZ。这是一项世界级的创新方法。有个评论是这样说的："你可以等待 100 年获得顿悟，也可以利用这些原理 15 分钟解决问题。"

TRIZ 翻译为中文的意思是"发明问题解决理论"，其英文全称是 Theory of the Solution of Inventive Problems，英文缩写为 TSIP。TRIZ 是拉丁文 Teoriya Resheniya Izobreatatelskikh Zadatch 的词头缩写。

苏联人 Altshuller(阿奇舒勒)在专利局工作，在处理世界各国著名的发明专利过程中，他总是考虑这样一个问题：当人

们进行发明创造、解决技术难题时，是否有可遵循的科学方法和法则，从而能迅速地实现新的发明创造或解决技术难题呢？Altshuller 发现任何领域的产品改进、技术变革、创新和生物系统都存在产生、生长、成熟、衰老、灭亡的过程，是有规律可循的。人们如果掌握了这些规律，就可以能动地进行产品设计并能预测产品的未来趋势。以后数十年中，Altshuller 穷其毕生精力致力于 TRIZ 理论的研究和完善。在他的领导下，苏联的研究机构、大学、企业组成了 TRIZ 的研究团体，分析了世界近 250 万项高水平的发明专利，总结出各种技术发展进化遵循的规律模式，以及解决各种技术矛盾和物理矛盾的创新原理和法则。

20 世纪 80 年代中期前，该理论对其他国家保密，80 年代中期，随着一批科学家移居美国等西方国家，该理论逐渐被介绍给世界产品开发领域，并对该领域产生了重要的影响。苏联解体后，大批 TRIZ 研究者移居美国等西方国家，TRIZ 流传于西方，并受到极大重视，TRIZ 的研究与实践得以迅速普及和发展。西北欧、美国、中国台湾等地出现了以 TRIZ 为基础的研究、咨询机构和公司，一些大学将 TRIZ 列为工程设计方法学课程。经过半个多世纪的发展，如今 TRIZ 理论和方法已经发展成为一套解决新产品开发实际问题的成熟理论和方法体系,工程实用性强,并经过实践的检验,如今它已在全世界广泛应用,创造出成千上万项重大发明,为知名企业取得了重大的经济效益和社会效益。

TRIZ理论广泛应用于工程技术领域,并已逐步向其他领域渗透和扩展。其应用范围越来越广,由原来擅长的工程技术领域分别向自然科学、社会科学、管理科学、生物科学等领域发展。已总结出的40条发明创造原理在工业、建筑、微电子、化学、生物学、社会学、医疗、食品、商业、教育的应用案例,用于指导各领域遇到问题的解决。

在美国的很多企业特别是大企业,如波音、通用、克莱斯勒、摩托罗拉等的新产品开发中得到了应用,创造了可观的经济效益。

据统计,2003年,三星电子采用TRIZ理论指导项目研发而节约相关成本15亿美元,同时通过在67个研发项目中运用TRIZ技术成功申请了52项专利。仅仅一项创新技术就能对一个跨国企业产生如此大的影响,这种情况是不多见的,TRIZ的创始人G. S. Altshuller对此也始料未及。

从1997年三星引入TRIZ理论到2003年的近7年时间里,三星应用TRIZ取得了显著的创新成果,但很多创新环节仍然需要TRIZ专家的协助才能完成,而这些专家往往都有

10 年以上的 TRIZ 应用经验并通晓不同的工程领域。我们因此称三星的这种创新模式为"专家辅助创新"。

相对于传统的创新方法,比如试错法,头脑风暴法等,TRIZ 理论具有鲜明的特点和优势。它成功地揭示了创造发明的内在规律和原理,着力于澄清和强调系统中存在的矛盾,而不是逃避矛盾,其目标是完全解决矛盾,获得最终的理想解,而不是采取折中或者妥协的做法,它是基于技术的发展演化规律研究整个设计与开发过程,而不再是随机的行为。实践证明,运用 TRIZ 理论可大大加快人们创造发明的进程,而且能得到高质量的创新产品。它能够帮助我们系统地分析问题情境,快速发现问题本质或者矛盾,它能够准确确定问题探索方向,突破思维障碍,打破思维定式,以新的视觉分析问题,进行系统思维,能根据技术进化规律预测未来发展趋势,帮助我们开发富有竞争力的新产品。

在 TRIZ 工具中,最终理想解(IFR)是其中重要的一种思维方法。IFR 是解决问题的关键所在,很多问题的 IFR 被正确理解并描述出来,问题就得到了解决。设计者的惯性思维常常让自己限于问题当中不能自拔,解决问题大多采用折中法,结果就使问题时隐时现让设计者叫苦不迭。而 IFR 可以帮助设计者跳出思维的怪圈,以 IFR 这一全新角度来重新认识定义问题,得到与传统设计完全不同的解决问题思路。

IFR 使用原则:①保持原系统的优点;②消除原系统的不足;③不使系统变得更复杂;④不引入新的缺陷。

IFR 使用技巧 1:尽量利用现有的能量和资源实现有用功能,一方面能够"自我服务"来实现有用功能;另一方面又能够"自行"消除有害的、不足的或过度的作用;还要善于利用"聪明"的材料或物质。

IFR 使用技巧 2:首先抛开各种客观限制条件,设定 IFR,从 IFR 反推回到现实问题,寻求解决方案。

IFR 的使用步骤如下:

(1) 设计的目的是什么?

(2) 理想的解决方案是什么?

(3) 达到理想解决方案的障碍是什么?

(4) 如何使障碍消失? 什么资源可以帮助你?

(5) 其他领域有类似的解决办法吗?

下面以割草机为例,对 IFR 的使用方法进行说明。

第一步:设计的目的是什么?

【回答】得到平整漂亮的草坪。

第二步:理想的解决方案是什么?

【回答】草坪自我实现平整漂亮。

第三步:达到理想解决方案的障碍是什么?

【回答】草不停地生长。

第四步:如何使障碍消失? 什么资源可以帮助你?

【回答】草的生长可以控制;可用的资源是草。

第五步:在其他领域有类似的解决办法吗?

【回答】农业领域中农作物生长高度的控制。

最终得到解决方案:培育能够控制生长高度的草种,草坪自我保持平整漂亮,不再需要割草机。

从上述例子中可以看出,对于"可用的资源"的总结是非常重要的,下面再举一个例子:密封药瓶。

当密封一个药瓶时,需要把火苗对准瓶口。在火苗的作用下虽然药瓶被密封了,但药瓶因过度受热,里面的药液会变质。如何解决这个问题呢?

在这个问题中,我们尝试对这个中间的可用资源进行整理,将密封药瓶的工艺流程、使用材料、工作环境等相关因素整理如下。

利用子系统资源,可能的解决方案有:通过改变药瓶的材料特性使药液免于受热;通过改变药品与药瓶材料之间的相互作用,防止药瓶的热传至药液。

利用超系统资源,可能的解决方案有:通过改变药瓶在支架上的放置方式,使瓶口散失药瓶的过热;通过改进支架的形状,防止药瓶过度受热;使用喷焰器的气体冷却药品。

从系统过去的状态来考虑,可能的解决方案有:药液装入药瓶时,预先对药液实施冷却。

从系统未来发展的角度来考虑,可能的解决方案有:寻找包装药品的新方法,使药瓶的密封没有必要,或不再使用火焰高温密封。

TRIZ理论的基本原理包括以下六条:

(1)所有的工程系统遵循相同的发展规则。

(2)像社会系统一样,工程系统可以通过解决冲突而得到发展。

(3)任何一个发明或创新的问题都可以表示为需求和不能(或不再能)满足这些需求的原型系统之间的冲突。

(4)为探索冲突问题的解决方案,有必要利用专业工程师尚不知道或不熟悉的物理或其他科学与工程的知识。技术功能和可能实现该功能的物理学、化学、生物学等效应对应的分类知识库可以成为探索冲突问题解的指针。

(5)存在评价每项发明创造的可靠判据。这些判据是:

① 该项发明创造是否是建立在大量专利信息基础上的?基于偶然发现的少数事例的发明项目不是严肃的研究成果。

事实证明,一项重大或重要的发明项目通常是建立在不少于1万项专利(或知识产权/版权)研究的基础上的。

② 发明人或研究者是否考虑过发明问题的级别? 大量低水平的发明不如一项或少量高水平的发明。

③ 该项发明是否是从大量高水平的试验中提炼出来的结论或建议?

(6)在大多数情况下,理论的寿命与机器的发展规律是一致的。因而,"试凑"法很难产生两种或两种以上的系统解。

TRIZ认为,一个问题解决的困难程度取决于对该问题的描述或程式化方法,描述越清楚,问题的解就越容易找到。TRIZ中,发明问题求解的过程是对问题不断描述、不断程式化的过程。经过这一过程,初始问题最根本的冲突被清楚地暴露出来,能否求解已很清楚,如果已有的知识能用于该问题则有解,如果已有的知识不能解决该问题则无解,需等待自然科学或技术的进一步发展。该过程是靠ARIZ算法实现的。

通过对超过250万项专利中挑选出的4万项典型专利进行研究,TRIZ理论总结出40个发明原理:

序号	原 理 名 称	序号	原 理 名 称
No. 1	分割	No. 21	紧急行动
No. 2	抽取	No. 22	变害为利
No. 3	局部质量	No. 23	反馈
No. 4	非对称	No. 24	中介物
No. 5	合并	No. 25	自服务
No. 6	多用性	No. 26	复制
No. 7	套装	No. 27	廉价替代品
No. 8	重量补偿	No. 28	机械系统的替代
No. 9	增加反作用	No. 29	气动与液压结构
No. 10	预操作	No. 30	柔性壳体或薄膜
No. 11	预先应急措施	No. 31	多孔材料
No. 12	等势性	No. 32	改变颜色
No. 13	逆向思维	No. 33	同质性
No. 14	曲面化	No. 34	抛弃与修复
No. 15	动态化	No. 35	参数变化
No. 16	不足或超额行动	No. 36	相变
No. 17	维数变化	No. 37	热膨胀
No. 18	振动	No. 38	加速强氧化
No. 19	周期性动作	No. 39	惰性环境
No. 20	有效运动的连续性	No. 40	复合材料

笔者在给企业研发人员培训的过程中,经常利用上述原理现场解决一些技术问题,因此,本书下面将花较多篇幅为每个原理都列出两个例子,虽然略显枯燥,但是希望读者能够耐心地一条一条看完。需要注意的是,以下例子中的大部分都来自专利技术,但是一些技术产生得比较早,读者可能习以为常,所以希望阅读时读者能够想象这些技术还没有出现时的

思维状态，这样做收获会更大。

No. 1 "分割"

（1）用个人计算机代替大型计算机。

（2）用百叶窗代替整体窗帘。

No. 2 "抽取"

（1）将嘈杂的压缩机放在室外。

（2）用狗叫声作为报警器的警声（不用养一条真正的狗）。

No. 3 "局部质量"

（1）带有起钉器的榔头。

（2）三键模式的电脑鼠标。

No. 4 "非对称"

（1）具有非对称搅拌叶片的水泥搅拌车（可提高混合效果）。

（2）开口扳手（见下图）。

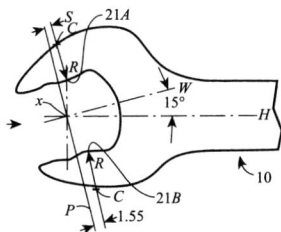

(a)　　　　　　　　　　(b)

图(a)是常见的扳手,在拧紧或松开一个六角螺钉或螺母时,由于螺钉或螺母的受力集中在两条棱边,容易产生变形,新的设计利用了原理4,即"增加不对称性",取消了原来的棱边接触,改为图(b)中的不对称结构。此改进获得专利授权。

No.5 "合并"

(1) 集成电路板上的多个电子芯片。

(2) 冷热水龙头。

No.6 "多用性"

(1) 多用雨伞。

(2) 将汽车上的小孩安全座位转变成小孩推车。

No.7 "套装"

(1) 收音机的伸缩天线。

(2) 汽车安全带卷收器。

No.8 "重量补偿"

(1) 用气球携带广告条幅。

(2) 飞机机翼的形状使其上部空气压力减少,下部压力增加,从而产生升力。

No.9 "增加反作用"

(1) 缓冲器。

(2) 浇混凝土之前的预压缩钢筋。

No.10 "预操作"

(1) 不干胶带。

(2) 停车位的咪表。

No.11 "预先应急措施"

(1) 汽车安全气囊。

(2) 应急电路照明。

No.12 "等势性"

(1) 运河上，在两个不同高度的水域之间设置水闸。

(2) 电子线路设计中，避免电势差大的线路相邻。

No.13 "逆向思维"

(1) 为了松开粘连在一起的物体，不是加热外部件，而是冷却内部件。

(2) 使工件旋转，刀具固定。

No.14 "曲面化"

(1) 螺旋形楼梯。

(2) 甩干洗衣机。

No.15 "动态化"

(1) 可调整座椅、可调整反光镜。

(2) 笔记本电脑。

No.16 "不足或超额行动"

(1)油印印刷时,滚筒涂布全表面的印油,印刷到纸张上的是需要的字体部分,其他的印油被蜡纸所阻挡。

(2)表面贴装技术的锡膏印刷工艺,锡膏印刷机的刮刀涂布是全面积的锡膏,而印刷到电路板上的只是钢网开孔对应的焊盘,其他的被钢网阻挡。

No.17 "维数变化"

(1)双面印制电路板。

(2)立体车库。

No.18 "振动"

(1)电动剃须刀。

(2)用超声波共振来粉碎胆结石或肾结石。

No.19 "周期性动作"

(1)用变幅值与变频率的报警器代替脉动报警器。

(2)医用心肺呼吸系统中,每5次胸腔压缩后进行1次呼吸。

No.20 "有效运动的连续性"

(1)打印机的打印头在回程过程中也进行打印。

(2)在工厂里,使处于"瓶颈"地位的工序持续地运行,达到最好的生产步调。

No.21"紧急行动"

（1）牙医使用高速电钻，避免烫伤口腔组织。

（2）快速切割塑料，在材料内部的热量传播之前完成，避免变形。

No.22"变害为利"

（1）电解海水产生金属，产生的氯气回收制消毒液。

（2）森林灭火时用逆火灭火。

No.23"反馈"

（1）声控喷泉、用于探测火与烟的热/烟传感器。

（2）飞机接近机场时，改变自动驾驶系统的灵敏度。

No.24"中介物"

（1）用拨子弹琴。

（2）饭店上菜的托盘。

No.25"自服务"

（1）自清洁玻璃、自动饮水机。

（2）包装材料的再利用。

No.26"复制"

（1）虚拟驾驶游戏机。

（2）用卫星照片代替实地考察。

No.27 "廉价替代品"

(1) 一次性纸杯。

(2) 一次性医药用品。

No.28 "机械系统的替代"

(1) 天然气中混入难闻的气体代替机械或电子传感器来警告人们天然气的泄漏。

(2) 为了混合两种粉末,使其中一种带正电荷;另一种带负电荷。

No.29 "气动与液压结构"

(1) 充气床垫。

(2) 把车辆减速时的能量储存在液压系统中,然后在加速时使用这些能量。

No.30 "柔性壳体或薄膜"

(1) 薄膜开关。

(2) 鸡蛋专用箱。

No.31 "多孔材料"

(1) 充气砖、泡沫材料。

(2) 药棉。

No.32 "改变颜色"

(1) 在冲洗照片的暗房中使用红色暗灯。

（2）在半导体的处理过程中，采用照相平版印刷术将透明材料改成实心遮光板。

No.33"同质性"

（1）用金刚石切割钻石。

（2）使用与容纳物相同的材料来制造容器（减少发生化学反应的机会）。

No.34"抛弃与修复"

（1）可降解餐具。

（2）自动铅笔。

No.35"参数变化"

（1）洗手液。

（2）排气系统中的软连接。

No.36"相变"

（1）利用相变材料制作的降温服。

（2）水在冰冻后会膨胀，可以用于爆破。

No.37"热膨胀"

（1）双金属片传感器。

（2）在过盈配合装配中，冷却内部件，加热外部件，装配完成后恢复常温，两者实现紧配合。

No.38"加速强氧化"

（1）水下呼吸系统中存储浓缩空气。

（2）用氧气—乙炔火焰高温切割。

No.39 "惰性环境"

（1）霓虹灯。

（2）高保真音响中添加泡沫用于吸收声音振动。

No.40 "复合材料"

（1）钢筋混凝土结构。

（2）混纺地毯（具有更好的阻燃性能）。

以上40个发明原理有两种使用方法：第一，碰到技术问题难以解决时，对照前面的发明原理列表逐一思索解决思路；第二，研究手头可用资源及零部件时，根据这些发明原理，从多角度拓宽思路。

如何进行专利检索

专利文献是科学与生产的桥梁。
——茅以升

专利律师或专利代理人在工作中，会使用一些收费的数据库、专业软件及检索式，以便精确检索技术内容。但对于发明人而言，在与专利律师或代理人接触之前的技术研发过程中，掌握一些简单的检索方法和技巧，将大有裨益。

据不完全统计，世界上 80％的科技信息首先在专利文献中出现。善用专利信息，可节省 60％的研发时间和 40％的科研经费。因此，学习使用专利文献，对于技术人员而言是一条捷径。专利文献蕴含丰富的技术信息、法律信息、经济信息和战略信息，它可以揭示技术的发展趋势和分布情况，反映竞争对手的技术和市场发展动态，揭示科技创新、市场发展的机遇和挑战，展示技术引进、应用和转让的机会与风险。

对于简单的技术内容，可以利用搜索引擎进行技术检索，检索方法相信读者都已熟知，对于简单检索式的运用，读者可以自行了解，很容易掌握。百度和谷歌都有专门的专利栏目，可以方便地对专利文献进行检索。

国家知识产权局网站提供了在线专利检索的页面，具体网址为：http://www.sipo.gov.cn/zljsfl。具体检索方法稍加了解便可，很容易上手。

检索窗口如下：

只要在上面的检索窗口中输入关键词即可。例如，"照相机""发动机"等,如果希望检索汽车用的发动机,则可以输入"汽车发动机"。通过关键词便能轻松地查询相关的专利文献。

有的发明人希望检索特定公司的专利申请,只要在上面文字框下方选中"申请(专利权)人"并在文字框中填写公司名称就可以看到该公司的全部专利申请。以"苹果公司"为例,检索结果如下,共有 4 112 条检索结果。

检索

○自动识别○检索要素○申请号○公开(公告)号◉申请(专利权)人○发明人○发明名称

1[2] [3] [4] [5] [6] [7] [8] [9] [10] 下一页 最后一页 共412页 4112条数据

申请号 CN201530388014.0 【外观设计】 申请日 2015.10.09

申请号: CN201530388014.0 　　　　　　　　　　　【授权公告】 隐藏
申请日: 2015.10.09
公开(公告)号: CN303564720S
公开(公告)日: 2016.01.20
发明名称: 连接器
申请(专利权)人: 苹果公司
发明人: C.A.斯奇瓦尔巴奇;L.方
优先权号:
优先权日:
外观设计洛珈诺分类号: 14-99(10)
代理人:
代理机构:

查看文献详细信息 · 查看法律状态 · 查看申请(专利权)人基本信息

申请号 CN201530387296.2 【外观设计】 申请日 2015.10.08

? 如何查询和使用失效专利

知识产权和香蕉一样，是有保存期限的。——比尔·盖茨

失效专利是指已经失去了法律效力的专利，任何人都可以免费使用。虽然在法律上是失效了，但是这项发明并没有失效，依然是有用的发明、先进的技术，仍然可以发挥出经济效益。充分利用失效专利，往往可以起到事半功倍的作用。例如，四川某公司收购了一个生产企业，设备齐全但缺乏技术，苦于找不到突破口。该公司查了失效专利后，找到一项因未缴年费而失效的人造板材新技术，只花了两个月的时间，便运用这项技术生产出人造板材，正好符合当前保护天然木材资源的潮流，结果大受当地装饰企业的欢迎。

根据失效的原因，中国的失效专利包括以下几种。

（1）专利超过了专利法的规定期限而成为失效专利。发明专利的专利权有效期限为 20 年，实用新型与外观设计的专利权均为 10 年。而根据 1985 年实施的专利法的规定，发明专利有效期为 15 年，实用新型和外观设计专利权均为 5 年（期限届满前可续展 3 年），均自申请日起计算。到现在为止，早期申请的专利大多已经过了期限而成为失效专利，如何利用这些失效专利应成为国内企业研究的一个重要课题。

（2）专利权人提前终止专利权而成为失效专利。由于专利授权后需要每年缴纳年费才能维持专利的有效性，大多数专利权人未到期限便停止缴纳年费，所以导致专利权提前终止。从国外专利情况来看，英国专利权维持到第 10 年的不足 50%，维持到届满者仅占 18%；法国维持到第 10 年的约为 25%，维持到届满者仅为 5%；德国专利权平均寿命 9 年，维持到届满者仅占 4%。专利权人在期限届满前终止的情况包括：没有按照规定缴纳年费的；专利权人以书面声明放弃其专利权的。专利权人提前终止的原因主要有：发现原先的发明不够先进，需要进行改进，或者发现他人的发明更加先进；实施困难，未能转化为成果，又要每年缴纳专利年费，只好放弃专利权。

（3）被国家知识产权局专利复审委员会宣告无效而成为失效专利。由于专利权宣告有全部无效与部分无效之分，由此产生的失效专利也有全部失效与部分失效之分。

（4）失效的专利申请。除了以上三种已获得专利权后因为种种原因失去专利权的情况，另外还有一大批尽管已提出专利申请而且已经公开，却不能获得授权的专利申请。因为它们从未获得专利权，所以只能称为"失效的专利申请"。

失效的专利申请又分为三种情况。

① 放弃获得专利权。当专利局做出授予专利权的决定时，专利申请人未缴纳专利证收费与年费而无法获得专利权；原因基本上与提前终止的原因相同。

② 未提出实质审查请求。发明专利自申请日起超过 3 年未提出实质审查请求，从而无法获得专利权。

③ 撤回或视为撤回专利申请。申请人主动撤回专利申请，或未在专利要求的期限内答复专利审查通知书，该专利申请视为撤回。

失效专利在其失效后专利局都会予以公告，也会记载在专利登记簿中。在判定其确实不再受法律保护后，就可以无偿使用了。

那么，如何查找失效专利呢？

利用国家知识产权局网可以免费查找失效专利，通过以下三种途径进行有效性判断。

（1）根据时间判断。中国专利最多保护 20 年，1996 年之前申请的专利肯定已经失效。

（2）是否有授权文本。如果没有授权文本，申请提交 3 年以上，基本上属于失效专利。

（3）查询法律状态。如果有授权文本，就需要查询一下法律状态。

另外,对于出口型制造企业而言,如何查找出在中国无效的国外专利呢?

专利法是本国法,任何一个国家授予的专利权都只在授予国本国有效,对其他国家没有任何法律约束力。目前,世界知识产权组织已有 170 余个会员国,这些国家绝大多数都没有在中国申请专利,所以不受中国专利法保护。因此,我们完全可以充分利用专利的地域性特点,从大量的国外专利中吸取精华,为我所用。所有的国外专利,如果自其申请日起超过一年没有申请中国专利,则该国外专利在中国就成为公有技术,在中国境内可以无偿使用。

由于越来越多的国外公司开始重视在中国的专利保护,因此对于国外专利,在使用之前一定要判断其在中国的有效性,以免侵权。国外专利的有效性判断可通过欧洲专利局检索系统(http://ep.espacenet.com)查询,利用"Number Search",查找该国外专利的同族专利,看看其中是否有中国专利;该中国专利的法律状态如何。

如果该国外专利的同族专利不包括中国专利,还需要核对当前日期与该国外专利申请日之间的时间差。

由于中国的发明专利申请一般是在申请之后满 18 个月

（一年半）公开，所以判断一个国外专利是否已经申请中国专
利，至少要在该国外专利申请日满 30 个月（两年半）后才会有
准确结论，否则是不确定的。例如，如果一项美国专利的申请
日是 2006 年 2 月 16 日，那么它申请中国专利的最后期限就
是 2007 年 2 月 15 日，如果它在 2007 年 2 月 15 日这一天申请
中国专利，一般情况下将于 2008 年 8 月 15 日前后公开，只有
在公开后公众才能了解该美国专利在中国的申请情况，因此
只有在 2008 年 8 月 15 日之后才能判断该美国专利在中国是
否无效。

　　对于世界专利，如果其在申请时指定了中国，由于专利合
作条约（PCT）规定 30 个月后进入国家阶段，加上中国专利 18
个月的公开期，所以世界专利在其申请日 4 年后才能确定其
在中国是否失效。

　　因此，一般的国外专利自其在本国申请专利 30 个月（两
年半）后、指定了中国的世界专利自其申请世界专利 48 个月
（4 年）后，如果其专利族中没有中国专利号，则可以在中国境
内无偿使用。

申请实操篇

❓ 怎样申请专利

> 作为心智脂肪储备起来的知识并无用处，只有变成了心智肌肉才有用。——斯宾塞

在万众创新的大环境下，人们对于申请专利的热情越来越高涨，但对于如何申请专利，仍有诸多困惑。

简单地说，只要是制造企业或工业设计企业，通过简单的挑选，每年申请10项以上专利绝对是轻而易举的事情。笔者借此文抛砖引玉。

您应当已经知道，专利有三种类型：发明、实用新型和外观设计。发明的创造性最高，外观设计最低。为了方便理解，笔者以通俗的语言解释一下三者的区别：发明专利用于保护针对复杂的结构、配方以及工艺的技术；实用新型专利用于保护相对简单的结构；外观设计专利则是用于保护产品的独特外观。

如何确定应该申请什么专利呢?

一般来说,对自身技术并不是非常自信的企业完全可以成功申请实用新型和外观设计专利,目前来看,两者的授权率较高。而对于已经在研发上有了一定投入,并且研发工作正常开展一年以上的企业而言,完全应该有自信尝试一下发明专利,虽然整体授权率低于 50% ,但若稍加研究,并阅读一定数量的专利文件,将授权率提高到 80% 以上亦非难事。

什么样的技术可以申请专利?

事实上,对于比较有经验的专利律师而言,只要属于技术方案,通过一定的加工和调整,应该都可以申请专利。

申请专利需要提供什么技术资料?

非常简单,任何形式的技术资料都可以,只要是有助于理解技术内容就行,资料形式包括:草图、样品照片、CAD 工程图、软件流程图……

上述资料如果能够回答以下三个问题,则便是比较理想的资料了。

(1)技术细节如何实现?

(2)别人的类似技术如何实现?

(3)两者相比较,有何技术优点?

如果您阅读完以上内容仍然一筹莫展,想申请专利却不知从何下手,那笔者就请您亮出最后的绝招——借助外力:

向聘请的专利律师口述技术创意,剩余工作就交给他(她)吧!

如何撰写高质量的专利文件

瓦特的伟大天才表现在1784年4月他所取得的专利的说明书中,他没有把自己的蒸汽机说成是一种用于特殊目的的发明,而把它说成是大工业普遍应用的发动机。——马克思

笔者在业内碰到过这样的情况,一些公司不停地更换专利代理公司,认为他们不是不负责任就是业务水平低下,总之横竖不满意。那么,有没有一套客观的标准可以用于评价专利代理人的责任心及业务水平呢?

笔者认为,专利申请文件是一种法律文件,绝对的评判标准是没有的。但是笔者在十余年的执业过程中,综合专利申请及专利维权中的一些经验,对高质量的专利申请文件做了一些总结,经验之谈,仅供参考。

虽然大部分专利申请人已经知道,专利文件的质量高低会影响到能否授权。但是可能一些人并不清楚,专利授权仅

是第一步，专利真正能够发挥作用，起诉竞争对手并获得胜诉，仍然需要经过专利复审委的第二次审查，即专利无效宣告请求程序，只有经受住无效宣告请求程序以及随后可能发生的由法院主导的两次审判行政诉讼程序，这样的专利文件才算得上是高质量的。

那么，什么样的专利文件才能符合这样的标准呢？

每篇专利文件都讲述了一个故事。与小说、散文等其他类型的故事不同的是，专利文件讲述的是某项技术发展的故事。

一般来说，专利文件的核心内容包括三个部分：

（1）专利出现前的技术是怎样的（"现有技术"）。

（2）专利是如何实现的（"具体实施例"）。

（3）专利的保护范围如何圈定（"权利要求书"）。

第一部分需要概述专利出现前的技术是如何实现的，由于是已经公开的技术，所以不必过于详细，只要简单地说明即可。比较重要的是，需要说明专利技术出现的必要性，说明之前技术的不足之处或尚未解决的问题。在此不足的基础上，专利的出现才有必要，其逻辑关系是非常清楚的。

第二部分需要详细论述专利技术的具体内容，其详细程度的标准是让本行业的普通技术人员通过阅读就可以知道如何实现专利,否则有可能会被专利局的审查员认为公开不充分。专利制度的核心思想是专利申请人完全公开专利技术让社会大众获悉,从而有利于技术的发展,换取的好处是享有若干年的独家使用和获利权。如果专利申请人公开的内容不充分,则不应该授予其专利权。

第三部分是用简洁的语言圈定什么样的技术内容属于专利的保护范围,任何人只要采用了相同或等同的技术方案,便构成专利侵权。

与之相对应,专利文件包括五大块:说明书摘要、摘要附图、权利要求书、说明书、说明书附图。

说明书摘要及摘要附图对专利文件涉及的技术进行简单的说明,方便进行索引;权利要求书对应前面所说的第三部分,是专利文件的灵魂;说明书和说明书附图相配合,对应前面所述的第二部分,是专利文件中最接地气的内容。

基于此,笔者将在下文重点对权利要求书、说明书及说明书附图进行论述。

权利要求书相对抽象,我们首先介绍说明书和说明书附图。

作为一篇讲故事的文件,说明书中包括:标题、技术领域、背景技术、发明内容、附图说明、具体实施例。"标题""技术领

域"属于一篇技术文献的介绍内容，不难理解；"背景技术"对
应前面所说的第一部分，说明专利出现前的技术内容；"发明
内容"就是简单介绍一下专利技术；"附图说明"对附于说明书
之后的附图进行简单的介绍，相当于附图的目录或索引；"具
体实施例"则对如何实现专利技术进行详细的描述，相当于一
本教科书，目的在于教会同领域的普通技术人员，传播自己的
发明创造。笔者经常给发明人打这样的比方，即"具体实施
例"部分的形式是"看图说话"，结合附图将技术的来龙去脉讲
解清楚就可以了。

笔者通过在诉讼中对于大量专利文件的观察和研究得出
结论，一篇高质量的专利文件应当符合以下几点具体要求。

（1）在撰写专利文件之前应该进行适度的专利检索，确
定专利技术与之前技术相比较的技术优势，并确定发明点，并
根据检索结果拓展专利内容，力求保护范围最大化。

（2）说明书的"背景技术"部分绝对不能描述专利技术及
其技术优势，而应该论述专利技术出现前的技术内容及其不
足之处。

（3）说明书的"发明内容"部分绝对不能详细描述现有技
术的内容，应简洁、清晰地描述专利的技术内容。

（4）每个发明点必须有一个独立权利要求，每个独立权

利要求务必仅包括一个发明点。

（5）对每一个从属权利要求中的技术特征而言，必须是能够增加独立权利要求的技术效果，单纯的技术添加没有意义。

（6）对于附图而言：①每个方法独立于权利要求，必须由一幅方法附图及一幅结构附图支持，其中，方法附图用于说明方法权利要求中的每个步骤或工艺流程，结构附图用于说明什么样的设备可以实现步骤或工艺流程；②每个结构独立于权利要求，必须由一幅结构附图支持。

（7）关键技术用语必须在附图中进行表示，并且使用以下两种表达方式对其进行描述：①对关键技术用语进行定义；②在"具体实施例"部分列举出对应关键技术用语的几个例子。

（8）在说明书的"背景技术"部分，可以重点阐述现有技术中的不足以及本专利所要解决的技术问题，但一定不能描述专利的发明点，也一定不能描述专利的关键技术用语。

（9）说明书的"发明内容"部分，一般有两种撰写方式：①概括地说明一下专利的发明点；②将权利要求书的内容复制过来，以便从文字上实现说明书对权利要求的支持。笔者建议将这两种撰写方式相结合，既概括说明专利的发明点，也包含权利要求书的内容。

(10)"说明书附图"中以数字标注出来的每个部件必须在说明书中进行说明,在进行说明时,可以采用下定义和/或举例的方式进行描述,对于关键部件,建议同时采用这两种方式进行描述。

(11)说明书的"具体实施例"部分,应当尽可能地列出专利的实施方式,以便拓宽专利的保护范围,同时,应当尽可能避免采用可能会限制保护范围的语言。例如,如果在说明书中列出了专利的应用场合,应该避免限定为特定的应用场合,而应该说明专利可以用于其他场合。

读者可能会认为,以上列举的要求太多,难以一一满足。对于这个观点,笔者是这么看的,如果申请专利的目的仅在于获取专利证书,以上要求的确过于严苛,但是对于比较重要的专利申请,申请专利的目的在于保护专利技术并对竞争对手形成技术壁垒,那么请务必排除万难,一一遵守。

？专利文件撰写的"七宗罪"

专利以及其专利权利要求书中的定义的解说权专属于法庭。——素特(美国最高法院法官)

笔者经常在诉讼案件中发现专利文件中的一些错误,有一些错误会导致一项本来较好的专利技术最终被报废,还有一些错误会导致专利价值降低。

在本文中,笔者对这些常见错误进行总结,称之为"七宗罪",有些错误出现在专利文件的撰写过程中,而另外一些错误则来源于审查过程中申请人对申请文件的修改。

1. 关键技术用语不清楚

由于专利文件撰写前的技术资料由技术人员直接提供,很多技术人员会以自己熟悉的方式进行技术描述,这样很容易出现同一技术用语在不同语境下采用不同的描述方式,或者针对某一技术用语仅举了一个实施例,或者以非标准的定义对技术用语进行重新定义而不是创造新的技术用语。一般来说,结合上下文对其进行解释,不会造成很大的问题,但是,对于关键技术用语,一定不能出现上述问题。因此,笔者建议针对关键技术用语做到以下几点。

(1)在权利要求书和说明书之间、不同的权利要求之间、说明书的不同部分中均采用类似的方式来描述关键技术用语。

(2)除对关键技术用语进行定义之外,再举出两个以上实施例。

(3)不要将标准的技术用语定义为其他含义,而是创造新的技术用语来表达新的含义。

2. 漏掉重要实施例

权利要求书是对说明书中具体实施例的提炼及上位。对于权利要求书中的某一项经过提炼及上位后的技术方案，说明书中提供的实施例越多，则保护的范围越大，在实际诉讼中给予专利律师的解释空间也就越大。大部分发明人在提供技术资料时一般仅能提供与当前企业生产的产品相关的技术内容，不可能要求发明人提供其他行业的技术资料或者 5 年后的替代技术资料，但是专利律师在这方面的经验较多，应该尽量帮助发明人拓展实施例，以便实现利益最大化。

3. 没有做到不同独立权利要求对发明点的覆盖

前面提到，对于关键发明点，建议在权利要求书和说明书中、不同的权利要求中、说明书的不同部分中均采用类似的方式来描述关键技术用语。但是在具体执行的过程中，会出现三个问题：

（1）完全没有做到在不同位置对关键发明点进行描述。

（2）在不同位置对关键发明点进行描述时，不同位置的描述没有做到统一。例如，在一个位置采用的用语是"声音信号"，而在另一个位置采用的用语是"音频数据"。这两个用语从含义上来讲的确比较接近，但是并非完全相同，而且，由于在专利审查过程中的标准是不同的用语表达不同的含义,因此这样做很容易毁掉整个专利。

（3）在相同的权利要求中,针对同一个关键发明点采用了两种用语。

以上三个问题会对整个专利价值产生很大的影响,应该尽量避免。

4. 在申请文件中出现没有必要的限制性用语

例如,笔者碰到一项技术,其中涉及对用户与显示屏之间的连接方式的描述,本来完全可以这样描述:"可以采用现有技术中能够实现用户手指和显示屏之间的接触的技术均可以使用",但是一些专利律师却将其描述为"通过手指按压触摸屏的方式实现两者之间的接触",那是否包括通过红外线、无线连接或电磁方式的接触方式呢? 这样写显然是以偏概全,挂一漏万。

5. 没有能够利用权利要求组合实现保护最大化

通过权利要求的组合,例如产品权利要求和方法权利要求的组合、硬件权利要求和软件权利要求的组合、系统结构权利要求和产品结构权利要求的组合等组合方式,可以实现保护范围的最大化,另外也能增强专利的稳定性,保护专利在受到无效请求攻击时仍然能够保持专利的有效。

很多发明人认为,我的发明就是一种方法或是一种结构,无法同时用方法和结构来进行描述,或者认为,我的发明有两个发明点,其中一个发明点是方法而另一个发明点是结构,无法同时用方法和结构对这两个发明点进行描述。

这样的想法是错误的。根据笔者的实践经验,绝大部分技术均可同时用方法和结构进行描述,只是需要一些技巧以及适当的想象力而已。

6. 在同一权利要求中不适当的技术特征的组合

虽然没有做到权利要求的组合对专利申请是不利的,但是在同一权利要求内部误用、滥用技术组合也不可取,也就是说,不能将不应该组合在一起的技术特征组合在一起,所谓"强扭的瓜不甜"。

以通信系统为例,如果将服务器端和用户端的设备进行组合,即使获得专利,也基本上算是无用的专利。

为何这么说呢?

这个问题与"直接侵权"和"间接侵权"有关。前面已经谈过,认定专利侵权需要在侵权产品上找到任一权利要求中的所有描述。这样就容易理解了,仍以通信系统为例,基本上不会出现这样的产品——在一件产品中同时找到服务器和用户端,也就是说,不会有任何产品构成专利侵权的可能性,这样一来，这个专利就变得毫无价值。

7. 特定用语的错误使用

在专利领域，"包含"和"由……组成"是具有不同含义的。前者是开放式描述，表示除了"包含"之外的部件还包括其他部件，而后者则是闭合式描述，表示除了"由……组成"中省略号部分的内容不再有其他内容。一旦用错，特别是在配方专利中，会造成非常严重的后果。

以上错误，一旦出现，将会对专利造成致命的打击，所以称之为"七宗罪"毫不为过，专利申请人或代理人一定要引以为戒。

"互联网+"企业怎样申请专利

我关注知识产权，我相信知识产权管理就是怎样增加施乐公司的价值。现在，善于管理知识产权的公司将会成功，而不善于经营知识产权的公司将被淘汰。——理查德·G. 托曼（施乐公司 CEO，曾任 IBM 公司 CFO）

专利维权的目的在于通过诉讼阻止竞争对手抄袭自己的技术。熟为人知的案例有苹果和三星之间的专利世纪大战。

随着国家创新驱动发展战略的实施，中国企业的专利保护意识正逐渐加强。在互联网领域，受到资本的追逐，市场竞争日趋激烈，越来越多的企业通过专利诉讼来达到市场竞争策略。

　　搜狗诉百度输入法专利侵权案件，被认为是中国互联网产业专利侵权诉讼的里程碑。2015 年 10 月，搜狗公司向百度公司提起 8 项专利侵权诉讼，诉称百度旗下的"百度输入法"侵犯了由搜狗所享有的输入法专利，要求赔偿 8 000 万元。随后在 11 月，搜狗公司向上海知识产权法院和上海高级人民法院又提起 9 项专利侵权诉讼，要求赔偿 1.8 亿元。两次诉讼的赔偿请求总额高达 2.6 亿元，正式宣告我国专利诉讼进入亿元时代。

　　笔者认为，此次诉讼的法律意义远胜于实际意义。一直以来我国过分依赖低廉的劳动力成本优势，创新能力不足，然而随着人口红利的减弱，产业升级成为中国制造业的必选之路。创新成为企业领导人关注的焦点，由于创新的成本远高于劳动力成本本身，所以企业迫切渴望创新成果能够得到法律的切实保护，专利申请也因此变得尤为重要。

　　笔者频繁接待来自互联网领域的创业者，咨询的问题如出一辙：我的互联网创业模式非常具有创意，解决了社会痛点，成功的概率非常高，怎样才能不让别人跟风，应该如何申请专利？大部分这样的咨询者都来自创业集中的城市，例如北京和杭州。

这个问题很大，基本上涉及专利实践的方方面面。

首先，需要解决的是，专利法是否保护这样的创意垄断需求。就这个问题，对于不同的专利律师，也是"仁者见仁，智者见智"。大部分专利律师认为由于这个问题属于商业方法的范畴，专利法是不予保护的，也就是说不能申请专利。笔者的观点是，只要涉及技术或创意，都可以申请专利，但是，至于如何申请，需要讲究一定的策略。如果仅仅将其中的商业模式申请专利，并且在专利文件中将"提高社会经济效率，解决社会痛点，提高用户体验"作为专利能带来的技术效果，则显然不能申请专利。但是如果深挖其所应用的计算机技术，例如，云处理技术、搜索引擎技术、图像处理技术等，从技术层面论述商业模式带来的技术效果，申请专利则完全没有问题。

其次，创业者往往并非技术人员，如果让其进行技术层面的论述实在勉为其难。根据笔者接触风险投资人的经验，他们之所以更喜欢创业合伙人中有技术合伙人，是因为互联网领域的创业除了绝妙的商业模式创新之外，技术领域的创新也必不可少。当然，通过专利保护商业模式也需要这样的合伙人。如果您的合伙人中没有这样的技术大伽，建议您还是招聘一位这样的高管，这样从专利申请到融资都有他的用武之地。

最后，对于互联网领域的专利申请而言，申请专利的目的除了融资需要、防止他人跟风之外，还有一个作用就是必要时起诉竞争对手。因此，撰写专利文件时，要努力做到如下两点：

（1）专利方案尽量场景化（如下图所示）。

三星公司技术交底书附图示例：

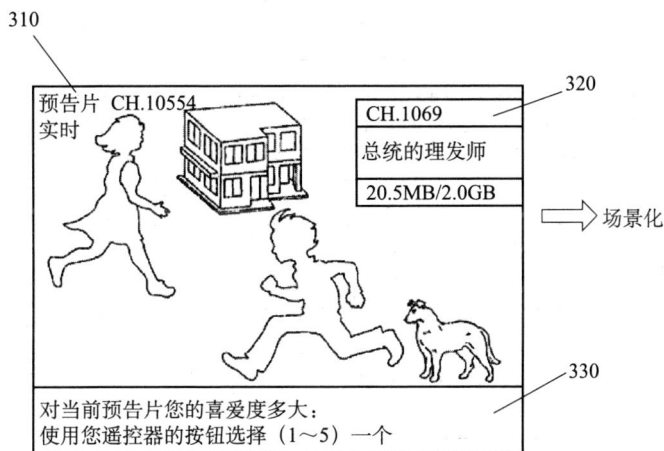

发明名称：视频点播VOD服务方法

这就是三星公司的专利示意图，具有较强烈的场景化，是不是有点儿像漫画？

是的，互联网应用与其他领域的技术不同，大部分互联网应用都是非常直观的，可以表现为某种场景。将专利文件场景化有利于以后进行专利维权，并让竞争者清晰地理解专利的保护范围。

我们大部分企业的专利示意图是怎样的呢？以下便是我们企业的专利示意图：

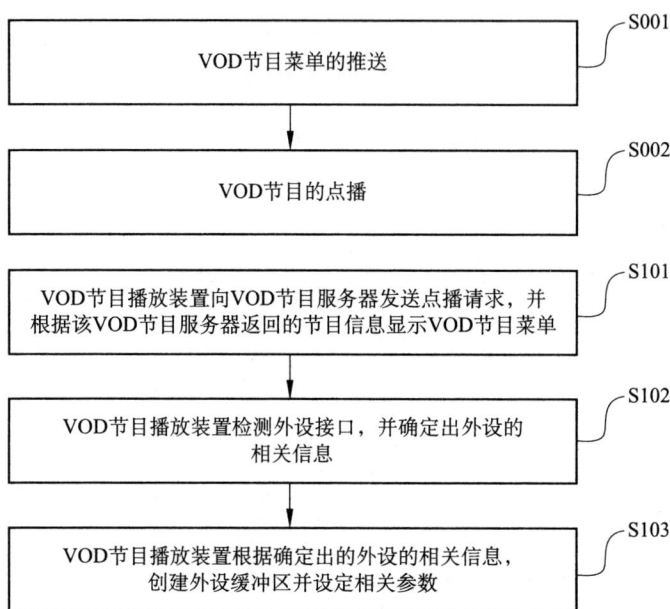

```
┌─────────────────────────────────────┐
│          VOD节目菜单的推送             │ ── S001
└─────────────────────────────────────┘
                  │
                  ▼
┌─────────────────────────────────────┐
│            VOD节目的点播              │ ── S002
└─────────────────────────────────────┘

┌─────────────────────────────────────┐
│  VOD节目播放装置向VOD节目服务器发送点播请求，并  │ ── S101
│  根据该VOD节目服务器返回的节目信息显示VOD节目菜单  │
└─────────────────────────────────────┘

┌─────────────────────────────────────┐
│   VOD节目播放装置检测外设接口，并确定出外设的    │ ── S102
│              相关信息                 │
└─────────────────────────────────────┘
                  │
                  ▼
┌─────────────────────────────────────┐
│   VOD节目播放装置根据确定出的外设的相关信息，    │ ── S103
│        创建外设缓冲区并设定相关参数       │
└─────────────────────────────────────┘
```

（2）专利方案的应用场合应尽量拓展，不要局限在现有应用范畴。

由于互联网应用背后的技术内容大同小异，所以如果在申请时仅将专利方案局限在眼前的应用中，则保护范围非常有限。

　　笔者曾为中国一些顶尖的互联网应用商以及游戏公司代理专利申请。从专利角度来看，网络游戏是一种特殊的互联网应用，从传统角度来看，游戏是不能申请专利的。但是在笔者深度研究之后，发现游戏公司要解决的技术问题比大部分计算机公司要多得多，并且在技术上的投入也相当大，将其排除在专利保护之外是没有道理的。

　　笔者在帮游戏公司申请专利的过程中，花费了大量的精力研究其中的计算机技术能否应用于其他领域，例如自动控制、操作系统等，精准地找到了申请专利的切入点，取得了非常好的效果。

❓ 中药如何申请专利

　　　天然的才能好像天然的植物，需要学问来修剪。——培根

　　人参蜂王浆最早产于吉林，却成了美国人的专利。六神丸本是我国传统中药，但日本仿六神丸开发了救心丸，并申请专利，年销售额已逾 1 亿美元。如今，已有 900 多种中草药项目成了"洋货"，被外国抢注专利。我国在国际中药年销售额

中的占比,仅剩下 3%。

2015 年 10 月 5 日,瑞典斯德哥尔摩诺贝尔奖委员会举办新闻发布会,将 2015 年诺贝尔生理学或医学奖,授予中国药学家屠呦呦以及另外两名科学家威廉·坎贝尔和大村智,表彰他们在寄生虫疾病治疗研究方面取得的成就。屠呦呦因之获奖的治疗疟疾药物青蒿素相关专利旁落瑞士诺华公司手中,中国作为青蒿素原料主产地却只能获得提供原料物质的微薄利润,而前者却享受专利垄断的滚滚财源。国际市场上,每年青蒿素及其衍生物的销售额多达 15 亿美元,但中国的市场占有量却不到 1%。

更加令人啼笑皆非的是,就连"屠呦呦"这个商标也被人抢注,2011 年屠呦呦获得具有诺贝尔奖"风向标"之称的拉斯克医学奖,然后就有"职业商标注册人"盯上了她的名字。在知识产权管理平台知库宝通过商标查询发现,在她得奖的翌年即 2012 年,"屠呦呦"商标就被自然人余孝志和宿州市夏氏眼镜有限公司分别申请注册在国际商标分类的第五大类和第九大类下。不过,本文主要讲述专利,商标暂且不论。

至于专利权旁落的问题,则有着历史和现实的诸多原因,我们要抱着"往者不可谏,来者犹可追"的心态,增强国人专利保护意识,继续推进专利法治建设,让青蒿素之殇不再重现。

在这样的情形之下，人们忍不住会问：

老祖宗留下的中药，为何成了他人的摇钱树？

在此过程中，调研组提供的一组数据令人触目惊心：我国是中草药大国，但有 900 多种中草药项目已被外国公司申请了专利。

以日本为例，其 210 个汉方药制剂的处方都来自中国。据世界卫生组织统计，目前，全世界约有 40 亿人用中草药治病，国际中药年销售额为 160 亿美元。在这块"大蛋糕"面前，日本分得 80％，韩国分得 10％，印度、新加坡等国分得 7％，而作为"中药鼻祖"的中国仅有 3％。

重庆是中药生产大区，但中药新产品专利仅 25 件。

我国为何药品多而专利少？

首先，专利投入不足。以重庆希尔安药业为例，作为重庆最大的中药企业之一，2015 年，该企业的销售收入突破 5 亿元。其中，知识产权投入 1 600 多万元，仅占销售收入的 3％。事实上，这在中国药企中已算"舍得花钱"的了。该负责人表示，很多国外发达国家药企的知识产权投入，占到销售收入的 10％。

其次，专利申请业务能力不足。在关于银杏的 68 件专利中，外国申请的虽只有 4 件，却几乎涵盖了银杏的全部提取工艺流程。这意味着我国的 64 件专利都只涉及"皮毛",真正的核心竞争力在别人手上。薄荷是我国的传统中药材,目前,专利共申报有 16 件。我国和外国各 8 件,数量上平分秋色。但仔细分析,外国的技术专利主要用于口香糖等高利润市场,我国的专利却只是薄荷藕、薄荷茶水等,市场空间极为狭小。

究其原因,与国外企业所聘请的专利律师有一定的关系。国外企业通常会在北京聘请有丰富的专利保护及专利布局经验的专利律师,他们长年处理跨国专利诉讼案件,拥有较为全面的专利经验。而中国二、三线城市的专利律师往往没有专利保护经验,常规业务是撰写专利文件,视野较为狭窄。

近年来,越来越多的来自全国各地的企业和个人向笔者咨询中药配方申请专利的问题。

中药专利与其他领域的专利申请相比有其突出的特点,大体有以下几点。

(1)对于中药专利的资料准备而言,建议提供具体配方之前与专利律师签署保密协议,以保护自己的权益。

(2)明确与专利律师的分工,中药配方所有人只需要提供配方中各成分的重点比例,简要说明其药理原理并提供临床疗效数据即可,其他工作交给专利律师从法律上完善和把关。

（3）对于祖传秘方或至关重要的配方，可保留一到两种成分不披露，以技术秘密进行保护，但要留意的是，减去成分之后的药方对专利文件中声称的疗效虽有不足，但应该仍有一定疗效。

如何在境外申请专利

> 专利法我们不懂就向人家国外学习嘛。——邓小平

随着中国企业对外投资的增加，越来越多的中国企业和个人需要在境外申请专利。

具体如何操作呢？

中国企业或个人在境外申请专利有两个途径：专利合作条约（PCT）和巴黎公约。

一般来说，中国企业或个人需要首先在中国申请专利，然后以此为基础通过上述两个途径完成其他国家的专利申请。

下面对中国企业比较关注的重点国家或地区的专利申请进行简单的介绍，其实大部分国家的申请流程大同小异，读者可以举一反三。

1. 美国专利申请

美国现行专利制度由《美国专利法》和《莱希史密斯美国

发明法》来规范。

在美国,有两种类型的专利,即发明和外观设计。与中国不同的是,美国没有实用新型专利。发明专利的保护期为 20 年,外观设计专利为 14 年。

美国的专利申请制度与中国有较大差别,最大的不同在于美国一直实施的是在先发明制度而非中国采取的在先申请制度。两种制度最大的不同之处在于,对于在先发明制度而言,整个发明的形成过程需要有详细的记录,否则即使在别人之前提交专利申请也难以保护自己的技术。而在先申请制度则相对简单,不用追究是谁完成的发明,默认是谁先申请专利归谁的原则。

但是在先发明制度虽然比较公正,但是对证据的要求较高,给发明人、专利局及法院都带来了巨大的负担。几年前美国改变了这一做法,也开始实施在先申请制度。但是由于美国司法制度的不同,仍与中国有较大差别。

美国专利制度与中国专利制度的另一个不同之处在于,美国存在临时申请制度。

临时专利申请为申请人确立了一个优先权,其保护期限是 1 年,在此期限和保护范围内,只有该主题的临时专利的持有人可以提出有关专利申请。但是,专利申请案以临时申请的方式提出后，必须在 1 年内正式向美国专利商标局提交转换请求书，将临时专利转为正规申请，否则此临时专利在 1 年后自动失效。正规申请的内容应包含临时专利申请的内容和经改写后的内容。

临时专利申请规定所针对的对象主要是：已经脱离基础理论阶段，具有应用前景和潜在商业价值，但还不能申请专利的成果。如果一项成果的应用前景还不明朗，可以先申请临时专利，待进一步研究后再申请正式专利。对于药品而言，它可以有效地保护刚刚发现而尚未完全证明有效的药物分子或药靶。

笔者认为，临时专利申请制度的本质相当于中国优先权。这两种相近似制度的积极意义在于：

（1）避免申请人在未获得专利权的同时遭遇技术秘密公开。根据美国专利法的规定，约有 10％ 的专利申请可以作为特例在专利授权前不予公开，其他的在 18 个月之后公开；我国专利法规定，所有的专利申请自申请日起 18 个月后应予以公布。因此，通常情况下，如果专利申请人由于客观条件的限制而对其发明创造的"三性"缺乏正确的估价，那么很有可能因不能通过实质审查而无法获得专利授权，但其技术秘密却已经公开了。然而，如果申请人运用中国优先权制度，预先进行专利申请而取得申请日,然后,如果申请人能在12个月内通过进一步研究完善技术,达到专利授予的要求,则申请人可以要求优先权,以避免在此期间别人的公开影响到自己发明创造的专利性;如果申请人在12个月内没有达到这些要求,还可以撤回在先申请,避免对其技术的公开。

(2)有利于保护申请人的利益,鼓励创新。何时提出专利申请最有利一直是人们关注的问题。过早申请专利,可能会由于一些技术问题尚未完全解决,难以通过专利的实质审查;过晚申请专利,又担心他人抢占了先机。本国优先权制度较好地解决了这一矛盾。申请人可以在成果还不是完全成熟时先提出申请,达到尽早保护自己的发明构思与基本发明技术的目的,避免第三人在此期间抢注专利。在取得一个较早的申请日之后,发明者有1年的时间来完善技术成果,在此期间还可以筹集实施该发明所需要的资金,必要时甚至还可以将成果市场化,以获取经济效益。

(3)有利于促进发明人加快研究进程。由于本国优先权的期限是1年,这就在客观上要求发明人必须在第一次申请之后的1年内完成对该发明创造的完善工作。正是在这种制度的激励下,发明者在第一次提出专利申请后,赶在本国优先权期限届满前完成技术完善的工作,从而间接加速发明创造的进程，推动科技的发展。

（4）有利于减轻申请人的负担。中美两国专利法都规定专利的修改只能限定在原说明书记载的范围内，在申请之后所做的改进与完善，通常只能作为新的申请提出。但一项发明创造往往会形成两项前后关联的专利，即后一专利是前一专利的改进专利，而专利权人则要长期就同一发明创造支付两件专利费用。本国优先权允许申请人在 1 年的期限内将相同主题的发明创造进行完善，只发生一件专利费用，而且还允许将若干个临时专利合并为一件正规专利申请，这在减轻专利权人的经济负担的同时，也调动了其进行创新的积极性。

（5）有利于提高专利申请的质量，加强专利保护。一方面，首次申请专利时，就技术本身而言，发明者对成果的认识及其解决技术问题的方案等都有一定的局限性，背景技术资料也收集得不够全面；另一方面，为了赶时间，在申请文件的撰写和保护范围及权利要求的确定上，可能会考虑不周。而通过中国优先权制度，申请人与代理人能够有较充足的时间对技术与专利保护的系列问题，甚至对市场上可能出现的相关问题进行较深入的研究分析。在此基础上对第一次专利申请作出的修改、补充和完善，无论是从技术上还是从权利要求的层面来看，其专利的可靠性与稳定性相对来讲都要好一些，一旦遇到侵权诉讼,胜诉的把握更大。这对于加强专利的保护也是有利的。

2. 欧洲专利申请

欧洲虽然国家较多,但由于欧盟的存在,所以有了很大的便利,可以做到一项欧洲专利在多国生效。根据欧洲专利条约,一项欧洲专利申请可以变成一项多达 30 个国家生效的欧洲专利,极大地简化了欧洲专利保护机制,也为我们申请欧洲专利保护提供了极大的方便。

截至目前,欧洲专利条约缔约国有奥地利(AT)、比利时(BE)、保加利亚(BG)、塞浦路斯(CY)、捷克共和国(CZ)、丹麦(DK)、爱沙尼亚(EE)、芬兰(FI)、法国(FR)、德国(DE)、希腊(GR)、匈牙利(HU)、爱尔兰(IE)、意大利(IT)、卢森堡(LU)、摩纳哥(MC)、荷兰(NL)、葡萄牙(PT)、斯洛伐克(SK)、西班牙(ES)、瑞典(SE)、瑞士/列支敦士登(CH & LI)、土耳其(TR)、英国(GB)共 25 个国家。

欧洲专利局尚包含六个延伸国:阿尔巴尼亚(AL)、拉脱维亚(LR)、立陶宛(LT)、罗马尼亚(RO)、斯洛文尼亚(SI)、马其顿(MK)。

延伸国不是欧洲专利条约的正式签约国,但是通过与欧洲专利局达成的协议,一项欧洲专利申请事实上可以包括延伸国,使得被授权的欧洲专利可以自动在其中一个或多个国家生效。

欧洲申请的步骤大致如下。

(1) 提出申请。申请人可以以英语、法语和德语这三种官方语言之一向欧洲专利局提出申请。一般中国企业多以英文提出申请。

申请文件所包括的内容应与中国专利申请文件一致,一般为:说明书、权利要求书、摘要和摘要附图(如需要)。如果通过巴黎公约的途径,在中国在先申请的申请日起 12 个月内向欧洲申请,并要求中国的优先权,需要提交优先权证明文件。

(2) 欧洲专利局检索。欧洲专利局通常对与申请的专利有关的现有技术文件进行检索,并把检索结果通知专利申请人。当申请人接到此检索报告时,通常需要根据检索结果来评估其发明的专利性和获得授权的可能性。

(3) 公布专利申请。欧洲专利局将于自优先权日(申请日)起 18 个月后公布专利申请。

欧洲专利局希望检索报告能在公布之前作出,以便申请人能作出是否继续申请程序的选择。但由于欧洲专利申请的数量太大,公布后才发出检索报告的情况越来越多。

(4) 提出实质审查请求和实质审查。申请人应在申请的同时或在欧洲专利局的检索报告公布日起 6 个月内提出实质审查请求。在提出实质审查请求的同时,需从欧洲成员国中指定具体成员国,并交纳审查费和指定费。如果交纳 7 份指定费,欧洲专利条约的全部缔约国都可以被指定,但延伸国的指定费需要单独交纳。

在提出实质审查请求后,该欧洲专利申请进入实审程序,并通常在提出实审后 1～3 年内收到欧专局的审查意见。

在答复审查意见时,通常是根据审查员的意见进行辩驳或修改申请文件,但当答复无法驳回反对意见时,申请人会被给予机会参加在欧专局举行的"口审程序",申请人可以亲自向欧专局处理本案的 3 名成员陈述意见。当申请在口审阶段被驳回,申请人还有权利向欧专局的上诉委员会进行上诉。

(5)欧洲专利授权。当审查被通过后,欧专局将发出授权通知复印件。申请人选择同意授权文本并允许本申请进入授权程序,或按自己的意志对文本或权利要求进行修改。同时付授权费并递交权利要求的其他两个语种的翻译译文。另外,需查询是否已经提交优先权证明文件的译文。上述工作完成后,欧洲专利被正式授权并发出授权证书。

(6)在欧洲成员国生效。一般在收到授权通知后,申请人就必须决定在指定国名单中选择生效国,通知欧洲专利局该专利在哪些国家生效。

在确定生效国后,根据各生效国的规定,一般都需要将此项欧洲专利的全部内容翻译成该国的语言,并提交给该生效国,以便此项欧洲专利在该国生效。一般欧洲成员国要求在授权公告起 3 个月内完成翻译工作并在各国生效。因此,如果申请人需要在许多国家生效,则需要准备较多的费用。

完成在不同国家生效的工作后,申请人则拥有不同国家的专利,他们相互独立,每一项都需要每年交纳年费。

目前我国申报欧洲专利申请可采取两种途径:巴黎公约和专利合作条约(简称 PCT)向欧洲专利局申请。

(1)巴黎公约途径。在本国申请后,在第一在先专利申请日(即优先权日)起 12 个月届满前向欧洲专利局提出专利申请,可以享受优先权的待遇,即对外国申请的新颖性判断时间界定在优先权日之前,并且,可以影响他人在优先权日后、外国申请日前这一期间提出的申请的新颖性。

(2)专利合作条约(PCT)途径。PCT 是《专利合作条约》(*Patent Cooperation Treaty*)的英文缩写,是有关专利申请的国际条约。根据 PCT 的规定,专利申请人可以通过 PCT 途径递交国际申请,向多个国家申请专利。PCT 是巴黎公约的补充,是在巴黎公约下对巴黎公约成员国开放的一个特殊协议。中国在1994年1月1日正式加入PCT。根据专利合作条约,可以将优先权期限从12个月延长到30个月内向其成员国申请国家专利(注意:有个别国家目前还没有接受条约22条的修改,需要在提出国际初步审查请求后才可以在30个月内申请国家专利)。欧洲专利局将进入的期限延长为自优先权日起31个月。

3. 韩国专利申请

韩国与中国类似,有三种专利类型:发明、实用新型及外观设计。保护时间分别为20年、10年和15年。

对于发明专利,专利申请人需要在申请日起5年内提出实质审查请求,韩国专利局在请求实质审查之日起25个月内审查完毕,审查效率高于中国。在答复审查意见方面,从提出实质审查请求到接收到第一次审查意见通知书,需要18~24个月的时间。

对于实用新型专利,韩国采用先审查登记后实质审查的制度。考虑到实用新型专利技术的生命周期较短,并且保护时间较短,而专利申请人大多为个人,所以韩国专利局采用了实用新型专利优先审查的制度。根据韩国现有制度,实用新型专利申请的周期为自申请日起10个月,比中国要慢。申请人拿到专利证书后可以在 3 年内请求实质审查。

对于外观设计专利，根据具体产品的不同，韩国专利局采用审查注册制与备案制并行，这一点与中国有较大的不同。审查注册制对外观设计专利申请的实用性、新颖性和创造性进行实质审查，包括以下审查步骤：首先进行形式审查，应申请人的要求，可以公布其申请，之后对外观设计专利申请进行实质审查，与发明和实用新型不同的是，实质审查不需依申请进行；经实质审查发现驳回理由的，审查员发出通知书要求申请人进行答复。对于备案制的外观设计，则仅进行初步审查，随后作出注册授权决定。

4. 日本专利申请

与中国相似，日本的专利类型也是三种，其保护期限与中国不同，分别是：发明专利 20 年、实用新型 6 年、外观设计 20 年。

对于发明专利，日本规定了提前审查制度，在外国提交过申请的案件，在日本可以申请提前审查，从而尽快拿到专利证书。

对于实用新型专利，日本的审查制度与中国类似，不需要进行实质审查，但是日本的授权相对严格。首先，日本专利局要求申请人提出申请前针对可注册性进行检索，如果申请人未能履行此义务,则无法获得专利授权。申请提交后,日本专利局进行形式审查,如果提出要求,专利局可以进行新颖性检索,但不是必经步骤。与中国有很大不同的一点是,日本专利局允许发明和实用新型在申请过程中相互转化。

对于外观设计专利,日本的规定与中国不同,主要是因为日本针对外观设计专利采取实质审查制度,授权条件与发明大致相同,包括实用性、新颖性和创造性。另外,日本还规定了相似设计制度,即同一申请人在同一天申请一个主外观设计,其余为从属外观设计,他人的产品即使与从属外观设计有相同点,也侵犯了外观设计专利权,进一步加强了保护力度。

5. 印度专利申请

印度只有两种专利类型:发明和外观设计,保护期均为20年。

对于发明专利,印度的审查制度与中国有一点有很大的不同:在中国,实质审查请求只能由申请人提出,而在印度,任何人均可提出。

对于外观设计专利,由印度外观设计局负责审查,但新德里、钦奈和孟买的三个专利局只能受理申请,不能进行审查。

6. 中国香港地区的专利申请

香港的专利类型有三种:标准专利、短期专利和外观设计专利。保护期分别为 20 年、4 年可延期 4 年、5 年可延至 25 年。

香港的专利审查与内地有很大的差异，下面简单进行介绍。

（1）标准专利。香港标准专利需要经过两个申请阶段才能获得。

第一个阶段需要提交指定申请的记录，即申请人应首先向指定专利局（中华人民共和国国家知识产权局、欧洲专利局、英国专利局）申请指定专利。在申请被指定专利局公开后的 6 个月内向香港知识产权署注册处申请记录，注册处经形式审查后予以记录并进行公告。

第二个阶段是在专利权被授予后或记录申请被公开后的 6 个月内，向知识产权署申请注册和授权。注册后经形式审查后准予注册并授予香港标准专利予以公布。

（2）短期专利。香港短期专利类似于内地的实用新型专利。由香港知识产权注册处进行形式审查，以其中一个指定专利局制备的检索报告为基础。

（3）外观设计专利。香港外观设计由香港知识产权注册处进行形式审查，不进行实质审查。

7. 中国台湾地区的专利申请

台湾的专利类型有三种:发明、实用新型和外观设计。保护期分别为 20 年、12 年、12 年。医药品、农药品或其制造方法的发明专利可以申请续展一次,续展期为 2~5 年。

台湾地区的专利申请与大陆类似,差别在于台湾的专利申请需要提交宣誓书。另外,大陆的申请人应注意最好在大陆专利申请公开之前在台湾提出专利申请,否则有可能被撤销。

台湾的外观设计不享有优先权,这一点与大部分国家和地区的规定不同。

8. 非洲专利申请

由于历史原因,非洲存在两大语言体系:英语、法语。这在一定程度上限制了非洲建立一个完全统一的专利组织的意愿。在此背景下,非洲国家先后成立了两个知识产权组织。一个是非洲知识产权组织,成员国主要为法语国家;另一个是非洲地区工业产权组织,成员国为英语国家。

在非洲申请专利与在其他洲申请专利有所不同,对于大部分国家而言,必须向所属的专利组织即上述两个专利组织提交专利申请。

？ 如何制作完美附图

> 知识是珍宝，但实践是得到它的钥匙。——托马斯·富勒

专利申请中的附图非常重要，也不容易制作，因此曾经难倒了无数英雄汉。很多申请人是"茶壶里煮饺子"，有技术构思却苦于不知道如何使用 CAD 等绘图工具表达出来，甚至不得不放弃专利申请，非常可惜。

其实，将技术构思绘制为专利示意图非常容易，大概有以下几种方法。

（1）用笔及工具手绘。

（2）学会简单的绘图工具，如比较通用的软件 scketchup。

（3）用相机拍摄样品。

专利附图与标准设计图纸有所区别。一方面专利附图主要是用于示意，帮助别人理解专利技术方案即可，不需要标注尺寸，也不需要讲究比例，要求相对较低；另一方面，为了方便对专利技术进行文字描述，需要在附图的各个部件标上数字，以便进行引用。

对于结构比较简单或者不善用软件制图工具的发明人，直接用钢笔或铅笔进行示意图的绘制即可。需要注意的是，

对于关键部件需要标上数字标号，以便在专利文件中对部件进行准确的应用。

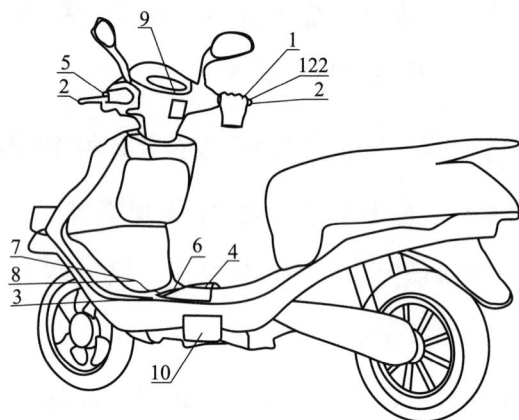

对于专利设计人员而言，如果在工作中已经习惯使用AutoCAD软件，则直接使用CAD设计图纸即可，但需要去除尺寸标注并添加部件标号，如下图所示。

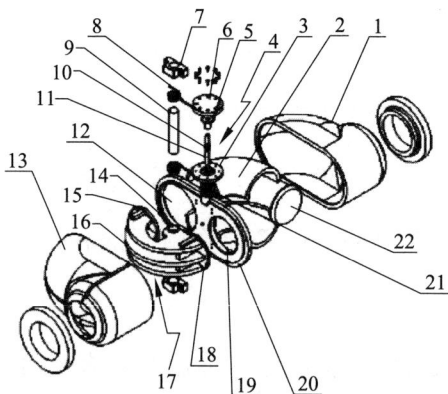

如果已经做出样品，可以采用相机拍摄的方法进行示意图的绘制。在拍摄时，需要注意应该拍摄出高对比度的图像。例如，如果样品为浅色，则背景应该选用深色。如果条件允许，可以在两个角度摆放两个照明灯，以便展现各个角度。

一般的相机，如果是在室内拍摄，容易产生阴影，这时候在相机相对的一侧放置一个小灯便可以方便地解决这个问题。

对于细节较多的产品设计，拍出来的照片尽量占据全部画面，以便足够清晰地展现出产品的特征。在拍摄小尺寸产品时容易出现扭曲，这时候最好使用带有变焦镜头的相机。为了使得拍摄更加清晰，如果有条件的话，建议使用三脚架。

由于在专利申请的过程中，权利要求书的内容会经常调整，所以应当尽量从各个不同的角度多拍摄一些照片，以方便以后选用。

当然，如果通过文字说明，本行业的技术人员能够清晰地理解并"脑补"该专利技术，则可以不采用专利附图，只是这种情况并不常见。根据笔者的实践，以下情况可以不用提供技术示意图。

（1）生产工艺，如热处理工艺。

（2）配方或组合物。

（3）具有涂层的产品，如具有防水涂层的衣服。

（4）由特殊材料制成的产品，如由回收轮胎制成的防滑地砖。

（5）层叠结构，如胶合板。

（6）产品中的特殊结构是由采用特殊材料制成的。

事实上，笔者建议专利申请人在任何情况下都尽量提交示意图，否则很容易出现申请人认为文字已经能够描述清楚专利技术，但专利审查员持不同意见，这将导致不必要地延迟专利申请日的后果。

一般来说，为了方便专利授权及以后的专利维权，建议提供尽可能多的示意图，确保每个重要的技术特征均有对应的示意图加以说明，以便日后有更大的解释空间。

第三重境界　保护专利，享受成果

"众里寻他千百度，蓦然回首，那人却在灯火阑珊处。"

专利保护篇

经典案例篇

专利保护篇

❓ 怎样保护自己的专利不被人侵权

> 保护知识产权就是尊重知识、鼓励创新、保护生产力。——温家宝

企业老板经常面临这样的情况：自己费了九牛二虎之力、历经九九八十一难，好不容易研发成功的技术，却被同行轻而易举地抄袭或模仿，可谓"得来全不费功夫"。

在这种情况下，拥有专利的企业通常会有两个基本诉求。

（1）预防侵权。专利申请人希望有效地垄断专利技术，让同行不敢抄袭。

（2）维权获赔。及时发现侵权行为，并能高效地进行维权，从而尽快获得赔偿或收取专利使用费。

对于这两项诉求，可以在专利文件的撰写和授权后的专利权声明两个方面采取措施。

1. 预防侵权诉求

首先,在专利申请阶段,专利申请人不应仅将关注重点着眼于能否拿到专利权上。笔者在专利实践的过程中,发现大部分专利申请人的关注点仍然在于是否能够将专利申请成功,最终获得专利证书。

事实上,这样做往往是舍本逐末。获取专利证,当然可以获得政府的补贴,甚至通过申请高新企业认证获得税收上的大幅优惠,但是,专利权的本质是对某项技术进行垄断,作为补偿,专利申请人需要将该技术的原理及实现方式向社会公开,从而促进技术进步。

从这一点来说,专利申请应当将重点放在如何最大范围地"圈地",即将专利权人贡献的技术内容圈进专利保护范围,从而有效实现技术垄断。这样,在专利文件的撰写过程中,应该做到以下两点。

(1)权利要求书的鲜明层次性,独立权利要求(例如,权利要求1)充分上位,从而保证垄断范围最大化。从属权利要求在独立权利要求的基础上合理布局,保证专利权的稳定,并且覆盖足够的具体实施例。

(2)对于权利要求中的技术方案,务必做到在说明书中均有一个具体实施方式与之相对应,从而让潜在侵权者轻易发现其侵权可能性,以便起到威慑作用。从操作层面来说,专利申请人可以充分发挥想象,甚至可以通过头脑风暴、集思广益,充分考虑竞争对手可能绕开的专利文件实施例。

其次,及时声明专利权。一旦获得专利证书,就在所有产品的包装或铭牌上标明专利号,以便对潜在侵权者构成威慑。根据笔者的经验,这样做大概可以阻挡80%的侵权者。

2. 维权获赔诉求

首先,在专利文件的撰写过程中,需要考虑到侵权取证的难易程度,并考虑到同行业的生产和销售特征。例如,对于既包括生产工艺、又包括产品结构的专利技术,显然产品结构更容易举证。又例如,同样是生产工艺,如果在专利文件中包括更多的通用工艺处理过程,则相对于包括更多细节的难以通过反向工艺论证的工艺,更容易进行举证。这就需要专利律师或专利代理人在专利撰写过程中,假想一个诉讼,在此情况下撰写出来的专利往往实战性更强,保护力度更大,同时,这样的专利价值也更大。

在这种情况下,一旦市场上出现侵权产品,专利申请人更容易发现侵权,从而及时采取措施。

其次,在产品正式上市后,在销售及营销环节,应当将产品专利权作为一个宣传重点,一方面威慑同行中的意图抄袭者;另一方面也让客户有意识对其他类似产品产生警惕,从而阻止山寨产品的市场销售。一旦市场上出现山寨产品,也较易发现,并通过维权获得侵权赔偿。

而且,采取这种广而告之的方式,更容易获得同行主动接洽的机会,通过缴纳专利使用费获取专利技术的使用权,实现双赢的目的。

如何打好专利侵权的"擦边球"

> 知识产权是把双刃剑,挥舞不好容易伤到自己。——吴汉东

三星和苹果之间的一场世纪移动专利诉讼大战,旷日持久,闹得沸沸扬扬,人尽皆知。2014 年 5 月,圣何塞一家联邦法院曾判决认为,三星在未经苹果授权的情况下使用了该公司专利,因此应当向苹果赔偿 1.196 亿美元。2016 年 2 月 26 日,华盛顿特区美国联邦巡回上诉法院推翻了苹果和三星专利侵权诉讼中对三星的不利判决,使得三星省去近 1.2 亿美元赔偿金。正所谓"一念天堂,一念地狱"。

三星逆袭的背后,说明了打好专利侵权"擦边球"的重要性。有时候,换个角度,就有完全不同的视角,从而得出截然

不同的结论。而这，需要专利律师具有深厚的专业功底、丰富的实战经验和快准狠的应变能力。

该案一审判决中判定三星侵犯苹果三件专利，而苹果公司侵犯了三星的两件专利。此次二审中法院判决，苹果公司的滑动解锁和输入自动更正功能的专利无效，并且三星未侵犯苹果的"快速链接"专利。法庭还判决苹果公司侵犯三星的一项专利。"快速链接"功能使设备识别触摸屏上的数据，例如手机号码，并将其链接至拨号等功能。在这场大战中，双方互相攻击对方的"命门"，就看谁打得更准，显然，三星最终命中苹果的要害，撷取了胜利的果实。

笔者曾碰到一个案件，原告的脚垫产品申请了外观设计专利（参见以下表格中的左图），右图则为被告对原告的专利产品做了修改后的产品，也获得了专利授权。

被告的产品构成侵权吗？

原告产品	被告产品

原告在其外观设计专利中仅包括了左侧设计,没有考虑到右侧的设计方案,而对脚垫而言,这两种设计的技术原理是相同的,这两种变换方式也是很容易想到的。

被告很聪明地利用了原告的这一漏洞,设计出了仿造产品,从专利法的规定来看,由于两者的整体设计并不相似,所以被告的产品并不构成侵权。

被告的这一做法算是打了一次成功的"擦边球"。

我们回头分析一下这个案件,原告的最大败笔实际上就是在专利申请过程中没有进行适当的拓展,只是照着现有产品提交了专利而已,完全没有考虑到后期的专利保护。

而被告在发现原告的产品在市场上获得成功之后,采用了一个比较好的专利策略,打了一个漂亮的"擦边球",搭上原告的"顺风车",走上了一条成功的捷径,这一点值得大部分中小企业深思。

借助这个案例,我们也来拓展一下思路。

一年前,百强家具正式宣布,因十多款专利产品外观被三家企业抄袭,已向中国首家知识产权法院提起诉讼。百强家具提出的索赔金额高达 1 亿元,创造了中国家居业外观专利索赔金额的最高纪录。当时,卫浴行业的抄袭事件已是屡见不鲜,部分卫浴企业甚至品牌名称雷同,各种"李鬼"事件层出不穷,百强家具通过专利维权给在商标上打"擦边球"的山寨卫浴企业开了一枪,起到了很好的效果。

纵观如今卫浴品牌,仅仅看品牌名,就算是业内人士也未必分得清楚,普通消费者更是难以辨别。很多卫浴企业就是以在行业内打"擦边球"来牟利的。

珠宝奢侈品牌卡地亚公司发现某卫浴企业将"卡地亚"作为其生产或销售的陶瓷类商品标识使用,要求对方停止商标侵权行为及不正当竞争行为,并赔偿经济损失 50 万元。广东新明珠陶瓷集团公司表示,安阳新明珠陶瓷与广东新明珠陶瓷集团没有任何合作关系。业内人士表示,其中有打"擦边球"嫌疑,但并不违法。

遭遇类似尴尬的还有佛山东鹏洁具有限公司,依托东鹏洁具在卫浴陶瓷行业标杆性的影响力,开平市东鹏卫浴也做得风生水起。据业内人士介绍,开平市东鹏卫浴原来只是在佛山建材市场做建材经销的,其官网称 2001 年在开平成立东鹏卫浴公司,而当时的东鹏陶瓷已经是行业内的知名品牌,其瓷砖和洁具已经获得行业认可,开平东鹏卫浴难以避免假借东鹏洁具名声之嫌。此外,马可波罗、诺贝尔、蒙娜丽莎在终端卖场都有与瓷砖品牌相似的卫浴专卖店,而这三家企业均否认和那些"李鬼"专卖店及其品牌有任何关系。

山寨产品横行，只会扰乱市场的正常竞争秩序。如消费者不慎买到山寨货，质量没保证，将影响到正规品牌的形象。业内人士表示，由于我国企业对商标跨区域类别的保护以及知识产权的保护意识缺乏，让某些打"擦边球"的企业得到生存机会。

当然，出现这一现象的原因，是这些企业的商标保护意识缺乏，企业要加强商标和知识产权保护意识，品牌企业要加强宣传，让消费者有清晰的认识、区分不同商标的产品，避免被误导。另外，通过专利权的维权打击商标权的"擦边球"也是一个可行的方法，同时也有利于企业在关注品牌的同时也提高产品的质量，从而有助于行业的长期健康成长。

还以卫浴产品为例，商标权与专利权相比，保护力度要弱得多，再加上品牌的变数较大，往往维权较难。而对于专利权而言，只要企业有合理的专利布局，山寨企业往往很容易落入专利池中，从而构成专利侵权。在这种情况下，无论山寨企业怎样打"擦边球"都逃脱不了法律的制裁。

当然，如何合理地利用好专利权和商标权，这是一个需要广大企业认真思考的问题。

❓ 怎样在专利诉讼中立于不败之地

欺诈毁灭一切。——法国知识产权法典

真正检验专利质量的是诉讼，只有通过诉讼的检验，才能确定专利能否用做"进可攻、退可守"的制胜武器而非一纸空文。

前文已经从专利的稳定性角度对高质量专利申请的要求进行了论述，本文换个视角，从专利如何在诉讼中获胜的角度进行论述。

以下是笔者根据十余年的诉讼经验总结出来的六大原则。

1. 在深度分析之前，可以从独立权利要求（例如，权利要求 1）的文字长短判断专利的诉讼价值。一般来说，独立权利要求的文字越短，专利的诉讼价值越高

在专利侵权诉讼中，原告专利律师的主要工作是尽力证明被告产品中包含了独立权利要求中的所有技术内容，只要是被告产品中缺少一个技术特征，则法院就会判定不构成侵权。可以想象，如果独立权利要求的内容比较少，则原告举证的难度较小，而如果独立权利要求的内容较多，例如已经占满整页，则原告败诉的风险可想而知。

2. 独立权利要求中较宽泛的技术用语比过于具体的技术用语更好

如果独立权利要求中使用了过于具体的技术用语，那么可以理解，竞争对手只要稍作改动，则可以绕过专利的保护范围，不会构成侵权。例如，使用"通信系统"就比"无线通信系统"要好，而"无线通信系统"要比"第三代无线通信系统"要好。

还有，将专利适用于某个特定的技术标准也会带来风险。例如，笔者发现一些专利的名称中带有"CDMA 系统""GSM 系统"，如果专利技术可以适用于这些特定技术标准之外的其他标准，那么这样的做法是很不可取的，大大地限制了该专利的保护范围。

3. 关键技术用语的描述是否清楚，会直接影响专利的价值，所以最好在专利文件中对于关键的技术用语采用定义和举例相结合的方式进行描述

这一点比较好理解，如果专利技术中的关键技术用语界定的不清楚，那么原告的专利律师则难以说明被告产品中包含了这个关键技术用语的技术内容。笔者曾经在一个案子中碰到这样的情况，笔者代理的是被告，原告本来胜券在握，但由于专利文件中对于"中断"这一术语的定义不清楚,导致最终败诉。

专利诉讼最终的胜负往往就是取决于某个关键技术用语的解释。一般来说,专利文件中应尽可能避免使用例如"不同""相似"等用语。在某个案件中,由于原告和被告对于"不同"的解释,将会直接导致高达几百万元的赔偿差异。

此外,最好不要在说明书中出现"在本发明中……",而是用"在本发明的一些实施例中……",另外,尽量不要使用"对于本发明很重要的是……"或者"本发明的关键特征是……"等可能会带来风险的模糊用语。

4. 在不同的独立权利要求中合理包含相同发明点,可以实现对发明点的最大保护力度

常见的撰写方式是,在不同的独立权利要求中,分别对"装置""系统"及"方法"进行保护。通过技术方案的组织,对于某个重要的发明点进行布局,使这些独立权利要求中均包含该发明点,则可以实现最大的保护力度。

5. 好的独立权利要求实现保护的宽度,好的从属权利要求实现保护的深度

这句话比较容易理解。一项好的独立权利要求,需要以最简洁、最清楚的语言将专利的发明点描述清楚,不能包含非必要的技术特征，力求保护的范围最宽。而从属权利要求的作用是提升专利的稳定性，在后续可能出现的专利无效程序中，一旦原独立权利要求失守，则可以将从属权利要求修改为独立权利要求，从而保证专利的有效。

6. 是否容易发现侵权产品，应该作为评判专利价值的重要标准

笔者在为客户提供专利评估的过程中，习惯于将三个因素作为评判专利价值的标准：专利的稳定性、专利的保护范围以及专利侵权是否容易发现。业内大部分专利律师会对前两项因素比较重视，但往往忽略了最后一个因素，即专利侵权是否容易发现。例如，如果某项专利非常稳定，很难将专利无效，加上用语简洁并且高度概括，所以保护范围也很大，但是由于涉及的是某项只能在生产车间才能发现的某项工艺，这样的专利是价值很低的，毕竟专利权人很难发现侵权行为，更谈不上打击侵权了。对于这个举例而言，在撰写专利文件时，就应当挖掘由于这项工艺的不同而带来的产品可检测属性的变化，并将该变化体现在产品权利要求中，从而大幅提高侵权的易发现性，进而提升专利的价值。

❓ 跨境电商遇到的知识产权之"坑"

> 需要是发明之母，但专利权是发明之父！——乔什·比林斯

跨境电子商务，又叫全球电子商务，交易主体分属不同国家，他们通过第三方跨境电商平台或独立网站电商平台达成交易，并通过跨境物流送达商品、完成交易。先以阿里巴巴、敦煌网为代表的 B2B 经历过一轮迅猛发展，接着是例如亚马逊等外贸 B2C 势力的崛起，其他类型的电商也不断跟进。

跨境电子商务中存在三大法律之"坑"：逃避商检、侵犯知识产权及逃税。随着中国企业的产业升级，完全的假冒产品已经逐渐消失，商标侵权现象也逐渐减少，由于专利维权的力度最大，越来越多的国外厂商开始利用专利权打击国内的跨境电商。笔者相信，随着国内跨境电商的商标意识逐渐增强，不久之后，专利这个"坑"将会是主要的陷阱。

在传统的国际贸易活动中，大多是国外买家采取大批量订货的方式完成，进口商通常在进口商品之前会聘请知识产权律师进行知识产权评估和把关，即使国内出口商没有过多关注知识产权问题，一般情况下也不会出现很大的知识产权风险。然而，在跨境电子商务的场景下，卖家以中小企业为

主,甚至很多自然人,他们往往缺乏有关知识产权方面的法律常识,而国外买家也是以中小企业和自然人为主,因此,知识产权风险便浮出水面。目前,知识产权方面的纠纷成了电子商务的主要问题。侵犯知识产权的行为不断发生,严重影响了中国商家的国际形象和跨境电商产业的长期发展。

近年来,各项扶持政策相继出台,鼓励着跨境电商这一新业态的发展。但这种迅速崛起的商业模式,本身存在的漏洞也在不断被放大,跨境电商出口行业正在经历一场前所未有的市场危机。不少业内卖家头疼的专利问题,就是其中之一。

随着跨境电商出口产业在全球贸易中的比重增加,各国及各大电商平台之间的竞争也愈发激烈,知识产权保护、物流、融资、交易信用等诸多问题也随之而来。

早在几年前,多家美国婚纱企业就曾经联合控告中国卖家在跨境平台上零售的婚纱侵权,当时一度将中国跨境电商婚纱行业打到谷底,甚至第三方平台都束手无策,只能以下架方式处理。义乌、杭州、广州、深圳、上海、江苏、河南等地的卖家均"中招"。事件的起因就是美国的商标专利持有人通过律师事务所,借助 PayPal 支付工具对中国卖家进行大规模的"撒网捕鱼",最后凡是跟售假有关的跨境电商卖家均被冻结了 PayPal 账户中的资金。

像婚纱、礼服、饰品、工艺品等这些产品,在销售中主要依靠款式取胜,所以很容易产生外观设计专利的侵权问题。

随着中国出口电商市场的快速发展,整个行业所面临的监管和知识产权风险也会加剧。众所周知,已有越来越多的国家对各项标准体系进行了完善和更新,此举使得跨境电商出口产业面临的压力大大增加,也势必引起跨境电商出口买家对知识产权(专利)保护、品牌化发展等问题的重视。

当前中国卖家在跨境电商平台上销售的产品,主要面向欧美市场。也偏偏是法律体制较为完善的地方,因此卖家面临的侵权风险会比较高。

在传统外贸的背景下,制造企业大部分都做来料加工,具有品牌设计意识的并不多,而且工厂接触不到最终用户,更加接触不到境外用户。互联网贸易环境造就了产品升级换代。跨境电商平台内的卖家,大部分都是采销型卖家,他们主打的中国品牌,让全球各地的消费者了解了真正意义上的中国制造,也正在助力中国制造业的升级。其实,对于海外消费者来说,中国的品牌在国内名气大小没太大区别,消费者更看重产品的质量,只要质量过硬,就能得到认可。

在大部分国家的知识产权法律中,专利与商标相类似,"许诺销售"亦是侵权行为。

据笔者了解,很多跨境电商开始并不会大量进货,毕竟拿到订单之后再进货也不迟。很多国外律师就会利用这一情况实现"陷阱取证",具体过程如下。

国外负责陷阱取证的律师通过在线沟通的方式询问跨境电商是否销售某件侵权产品,跨境电商为了获取订单,会承诺可以销售,并给出报价。让他们没有想到的是,这样一个简单的过程,境外法院就会认为跨境电商已经从事了"许诺销售"行为,从而认定构成专利侵权行为。如果跨境电商没有能够作出有效的应诉,则可能会被冻结境外账户直至清零。

因此,跨境电商应当谨慎对待询价沟通,如果希望销售某一款产品,应当自行或聘请律师做一下简单的侵权评估。在这里,跨境电商老板需要知道的是,在大部分的国家都有这样的规定,即如果在销售之前曾咨询当地律师出具不侵权的评估报告,则以后即使被当地法院认定为构成专利侵权,也会基于之前的善意而大幅度降低赔偿金额。

笔者在日常的咨询中,经常有跨境电商询问有没有办法可以有效地阻止同行的跟卖行为。毕竟,通过各种引流的手段(包括付费方式和免费方式)将自己的产品推到首页,刚刚有了一定的利润,如果允许大量卖家一拥而上,则自己的利润很快会被摊薄。

笔者一般会教他们两招:商标和专利。

对于商标保护的方式,虽然可以在短期内阻止其他卖家采用相同的商标进行销售,但是时间一长,其他卖家就会认识到只要换个牌子就可以销售相同的产品了。从这点来看,商标的保护力度的确是非常有限的。

而对于专利保护的方式,则保护力度会大很多。例如,只要花费几千元的费用申请一个外观设计专利,只要其他卖家销售的产品从外观上看有80%的相似度,就可以通过向例如亚马逊这样的第三方电商平台进行投诉,就可以很快让其他同类产品下架,无论他们销售的产品用的是什么品牌。

而对于独立网站电商而言,根据笔者的执业经验,往往简单地通过发送警告函就会让95%的跟卖卖家第一时间将涉嫌侵权产品下架,另外5%的跨卖卖家则会在收到法院传票后立即将涉嫌侵权产品下架,并承诺不再销售。

当然,如果有一定的产品设计能力,那通过外观设计专利阻止跟卖的效果就会更好。

其实,不只是跨境电商,国内电商的知识产权问题也很严重,与跨境电商的情况类似,同质化跟卖的情况非常严重。

2015年年初,北京洛可可公司自行研发、设计、生产的第一款"快速变温水杯"，又称"55 度杯"，不管放到杯中的温度是高是低，只要倒入 55 度杯中，很快水温会变为 55 摄氏度，瞬间因其独特功能在网络走红，成了各大电商的新宠。虽然水杯 298 元到 300 多元的售价远远高于市场上大部分的保温杯，但是其神奇的效果，依然受到了消费者的热捧，甚至出现"10 分钟售罄"、"货源不足"这样的局面。

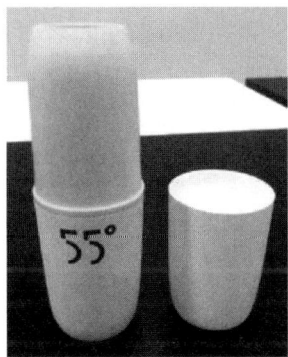

很快，以淘宝为代表的电商平台便出现了大量的假冒产品，价格仅为十分之一。

幸运的是，在产品正式销售之前，洛可可公司接受笔者的建议，围绕 55 度杯申请了多项专利，从不同角度对产品进行了专利保护。

发现大量仿冒产品之后，笔者迅速对市场销售情况进行调查，并帮助洛可可公司向淘宝平台进行投诉，同时向百度公司发送律师函，要求其删除跟卖链接，在很短的时间内控制住了局势，使得正品继续得以大卖。

这就是专利保护的力量。

❓ 图形用户界面（GUI）的专利保护

> 如果不保护知识产权，中国再难有四大发明。——郑成思

随着中国智能手机制造商的雄起，国家从专利保护层面逐步加强了对智能手机的保护。体现之一是效仿欧美国家开始了对智能终端图形用户界面（GUI）的专利保护。

界面使用状态参考图

为了帮助非计算机领域的读者了解何为 GUI，以下列出几个示例。

从传统的观点来看，国家知识产权局对于"产品通电后显示的图案"是明确排除在专利保护之外的，理由是"产品通电后才能显示的图案不是产品外观固有的图案，该图案的设计不属于产品外观设计的固有部分"，并列举了以下例子：电子表表盘显示的图案、手机显示屏上显示的图案、软件界面等。因此，在传统观念中，GUI 只能通过著作权予以保护。

对于这样的规定，中国一些企业始终为之努力，典型的如联想公司，他们的外观设计专利被驳回之后，仍然持续申请此

类专利。而海尔公司则通过申请实用新型专利,以保护 GUI 载体的方式试图达到保护 GUI 的目的。而另外一些企业,例如华为和中兴,由于他们更关注海外市场,所以持一种无所谓的态度,他们并不担心中国其他厂家的竞争,尽管中国市场也不小,但既然中国不提供外观设计专利保护,即使外观设计领先也不能凸显优势。因此,他们的新款就可以先在国外上市并在国外获得 GUI 的专利保护,然后才登陆中国市场。

由此可以看出,由于 GUI 无法获得外观设计专利的保护,中国用户难以享受到本国企业生产的新款手机带来的丰富多彩,这不能不说是一种遗憾。

事实上,在智能手机功能设计同一化的今天,外观设计专利保护显得越来越重要。震惊世界的苹果和三星之间的世纪专利大战也是主打的外观设计专利。

在这种形势下,将 GUI 纳入外观设计保护的范围便是顺天应时、水到渠成的事情。不出所料,这个闸门打开之后迅速得到回应,短时间内大量的国外企业提交了大量的外观设计专利申请。笔者的事务所在短时间内便接到了数千个有关 GUI 的专利申请咨询,头两个月这方面的咨询量便占到总咨询量的三分之一。

对于软件企业而言,这是一个重大利好。

传统观念认为,软件是不能申请专利的,只能寻求著作权的保护。但是众所周知,在中国,著作权的保护力度非常低,盗版层出不穷,泛滥成灾。而专利在中国的保护力度要大得多,很多跨国企业正是看到了这一点,频频在中国发起专利大战。

最近笔者收到好几件咨询案件,美国几家专利流氓公司在美国的专利诉讼中受到了限制,难以获得较高金额的赔偿,正在集体性地转战中国市场,最近笔者将会代理其中一家针对惠普等国际公司提起的专利侵权诉讼。

在这种情况下,软件企业将其关键页面的 GUI 申请为专利,将会有力地阻止盗版,效果惊人!

当然,盗版的问题难以通过这个规定全部解决,但是软件盗版的问题会由于这一专利制度得到较好的改善,让我们拭目以待!

经典案例篇

❓ 打败索尼的 MP3 侵权案

> 人类的聪明才智是一切艺术成果和发明成果的源泉，这些成果是人们美好生活的保证；国家的职责就是要保证坚持不懈地保护艺术和发明。——阿帕德·鲍格胥博士（前任世界知识产权组织总干事）

本案件作为北京市第二中级人民法院在当年度"知识产权日"公开审判的案件，在庭审中排在所有案件之首，一方面说明此案件具有典型性；另一方面也说明法院对此案件的高度重视，众多世界 500 强企业的高管和知识产权总监旁听了这次庭审。

双方律师对此次庭审都高度重视，为了便于没有技术背景的法官理解技术方案，均当庭播放了精心制作的 PPT 课件，争取让法官理解并认同自己的意见。

笔者代理原告裴先生(韩国某科技公司法定代表人),索尼公司由中国一家顶级涉外律师事务所的知识产权业务合伙人代理,之前索尼公司提出和解,遭到原告的拒绝。

此案件涉及的产品是 MP3 播放器,原告的专利于 2000 年申请,产品原型比较粗糙,专利示意图如下:

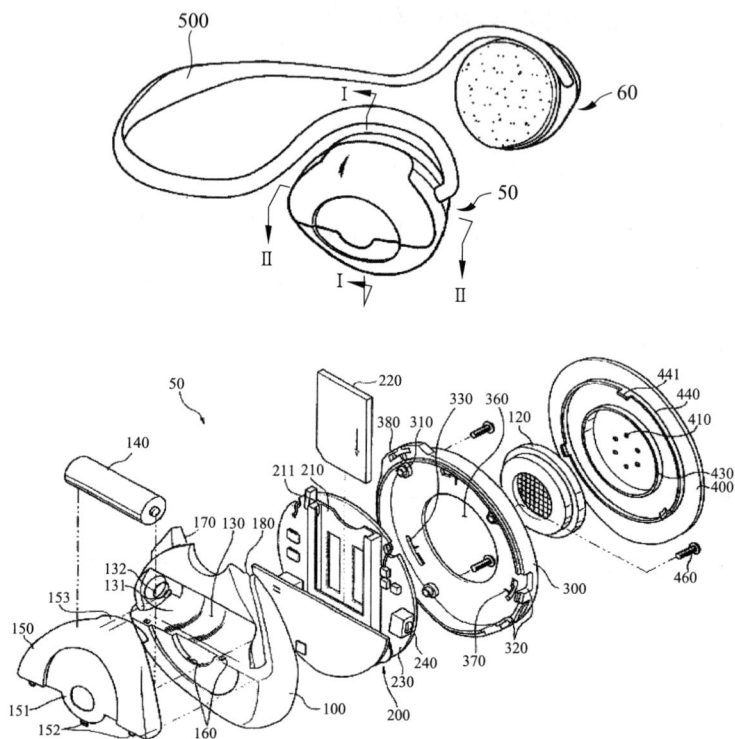

从以上示意图中不难看出,这款专利产品仍然是以机械结构为主。而原告在专利申请提交的 10 年后发现索尼公司

根据此技术原理制造了高度集成的外观漂亮的 MP3 播放器，产品图片如下：

被诉侵权产品

从上面的图片可以看出，索尼公司的这款产品与专利产品在外形上已经有很大的区别，读者可能认为这绝不会构成专利侵权。

这正是笔者引用这个案例的目的，希望读者能够通过这个案件，对专利的一些基本问题有一点简单的了解，以便加深对专利侵权的认识。

读者认为两者不构成侵权的出发点可能是从外形上进行的判断。而专利的三种类型：发明、实用新型和外观设计。如果原告当时申请的是实用新型或外观设计，则读者的初步判断是正确的，索尼公司被认定为侵权的概率是很小的。但是原告是针对的产品功能申请了发明专利，其保护范围和保护力度更大。

为了读懂这个案件，读者还需要了解发明专利中权利要求书的作用，我们还是从这个案件说起。

原告专利的权利要求书如下(注:为节省篇幅,下面仅引用权利要求 1,另外,为了方便阅读,笔者对文字已经作了调整)。

一种 MP3 播放机,包括:

第一扬声器部分,其中一个扬声器安装在其内并且该第一扬声器部分设置在使用者的一只耳朵上。

电子装置部分,其安装在该第一扬声器部分内并且设有用于再现 MP3 文件的声音的电子部件。

第二扬声器部分,其中一个扬声器安装在其内并且该第二扬声器部分设置在使用者的另一只耳朵上。

配戴装置,用于连接第一扬声器部分和第二扬声器部分,该配戴装置配戴在使用者的头部上。

从上述文字可以看出,原告专利仅对于 MP3 播放器的技术构成思作了大致的描述,即只要一件设备能够播放 MP3 音乐并且包括两个相互连接的扬声器,便会构成侵权。

我们从中得到的启示是,如果您已经有了技术构思或者技术创意,并能够画出结构或功能的示意图,即使当时还不能做出样品,或者当时的产品还不适合市场销售,只要以后(哪怕是 10 年后),其他人将其实现为适合市场的产品,只要技术构思与您的专利相似,便可能会构成侵权。

此次案件已经由北京市第二中级人民法院的一审判决认定索尼公司构成侵权,索尼提起上诉,目前此案仍处在二审审理过程中。

笔者在此引用这个案件,一方面是因为这个案件具有一定的典型性;另一方面是其技术内容简单易懂,相信读者一看便豁然开朗,有所启发。

? 金山与微软的 Office 恩怨

中国司法保护合法的知识产权,法律是唯一的标准。——蒋志培

相信很多人存在这样的困惑,金山软件公司的 WPS OF-FICE 软件的功能和界面与微软公司的 Office 软件那么相似,难道不会构成专利侵权吗?难道这又是中国司法不公正的结果?

金山软件从 2000 年起启动海外上市,德意志银行作为其承销商聘请笔者在内的专利律师团队对其上市后的专利侵权进行评估。笔者在其珠海研究院现场办公的一周时间内,将其产品逐一与微软的在华专利进行分析(注:当时有 800 余件

专利，由于 WPS OFFICE 软件的销售市场主要是中国，所以当时仅分析了微软在中国申请的专利），得出一个所有人都吃惊的结论：

WPS OFFICE 软件对微软公司不构成专利侵权！

这是为什么呢？为什么大部分人的直觉都是错误的呢？

笔者引用这个案件，正是为了让读者对于专利所保护的主题有更加清晰的认识。正如之前所述，专利分三种类型：发明、实用新型和外观设计。发明保护功能、实用新型保护产品结构、外观设计保护外观。

通过对 800 余件微软的在华专利的逐一分析，笔者发现，金山公司 WPS OFFICE 软件的用户界面虽然与微软公司的 Office 产品非常相近，但是当时中国专利还不能保护界面（注：直到 2014 年中国专利法才对图形用户界面进行保护），WPS OFFICE 内部的实现机制均进行了规避，而微软仅对功能实现方案进行了专利申请，所以金山软件并未构成专利侵权。

这个案件带给读者的启示是，"他山之石，可以攻玉"。表面形式的山寨或抄袭并不一定会构成实质性的专利侵权，充分地了解专利制度、科学地研究专利技术并进行合理的运用，可能是中国企业借力打力的一条新的出路。

？世界顶级投行瑞士银行为何独爱专利价值

对知识产权只有尊重是远远不够的！——知识产权报

很多制造业的企业老板经过很多年的摸爬滚打,在某个细分市场上确立了自己的江湖地位,但个人已经元气大伤、难以为继,希望通过出卖部分股份获得大量投资及资源,从而让企业在短期内恢复元气,再上一个台阶。

在动用很多资源与一些国外资本进行沟通之后,终于达成初步的投资意向,这时候企业老板往往会大松一口气。

然而,这时候老板们就能高枕无忧了吗? 谁能想到,还有一个"专利陷阱"已经恭候多时。

据笔者了解,很多国外顶级的投资银行或投资基金,对于制造业企业的并购,往往会在投资或并购前进行专利尽职调查。

专利尽职调查具体怎么操作呢? 下面以笔者曾代理的一个案例进行说明。

笔者曾代理世界顶级投资银行瑞士银行为其入股中国某行业一家无锡的龙头企业(注:此处不便透露细节)出具专利评估报告。此无锡企业的核心产品在中国的市场份额为30％，企业销售报表非常好看。但瑞士银行针对此次入股投资的原则是专利评估先行，即如果专利对其核心产品的保护不足，或者如果该企业的专利布局不够，则放弃此次收购。

该企业老板对此次收购寄予厚望，多次与笔者沟通，希望能给出较好的评估结论。

这个项目花费了笔者带队的律师团队大约3个月的时间，每周固定一次协调会议，最终的结论很不理想，正如大部分中国企业一样，该企业虽然财务报表非常漂亮，但由于专利布局力度不够，在评估前一年才开始大规模申请专利，"临时抱佛脚"的痕迹明显，并且专利申请的工作做得非常粗糙，并没有针对其市场核心产品进行布局。

最终，瑞士银行的项目负责人看了笔者起草的专利评估报告，放弃了此次收购，之前为此项目进行评估所花费的大量努力无果而终，非常可惜。笔者看得出来，双方对此次收购都寄予非常高的期望，但是笔者只能尽专业之本职，出具真实的评估意见，以免日后出现法律纠纷。

从笔者负责的这个项目，不难看出以下几点。

（1）国际重大投资已经将专利价值评估放在其商务谈判的第一道关口，并且一票否决，此关不过则放弃整个投资计划。

（2）专利是制造型企业的生命线，市场上和财务上的成功并不能证明其科研能力。

（3）外界对小米知识产权的诟病，其实也是对大部分中国企业的警告。

（4）专利布局其实并不难，重要的是尽早启动。

飞利浦公司并购案终止背后的真相

反对知识产权问题政治化！——田力普（前国家知识产权局局长）

日前由金沙江创投基金牵头中资收购飞利浦照明业务的并购案终止引发 LED 人士关注，笔者恰巧代理此次并购的知识产权评估，将以此案例重申知识产权包括专利的重要性。

近年来，照明灯饰市场竞争激烈，LED 产品毛利率不断下滑，整合、并购、重组成为 LED 照明行业发展大势。然而资源整合并购并不是一帆风顺的，受经济市场各种因素的影响，LED 市场有不少重组并购案终止，到底是什么原因呢？

LED 行业并购成功固然皆大欢喜，而并购失败却导致并购双方两败俱伤。就一般的并购案件来说，收购价格没有谈拢是失败的主要原因,被并购方往往希望卖一个好价钱,会把自己的盈利状况说得比较满,以期获得较高的估值。待停牌签署框架协议后,所报出的实际盈利情况跟之前提供的数据却有一定的差距。

但就金沙江收购飞利浦照明业务的并购案而言,与之前终止的并购案又有很大的不同,不但是双方的利益,还涉及美国的利益,美国以威胁到国家安全为由阻止收购的完成,给金沙江和飞利浦造成很大的打击,但这也给了全球 LED 产业并购很好的警醒,未来我国会有更多 LED 企业走出国门、整合全球资源,在整合重组的同时需要提前考虑更多因素,LED 并购市场也将逐渐走向成熟。

下面可从相关企业的公开信息中寻找终止因素的蛛丝马迹。

2006 年 1 月 22 日飞利浦发布公告称,由金沙江 GO Scale Capital 牵头的中外资银团与荷兰皇家飞利浦公司达成"收购皇家飞利浦公司旗下 Lumileds 的照明业务 80.1% 股份"协议。

为完成交割,双方团队在过去近一年里,共同积极配合美国外国投资委员会(CFIUS)等监管部门的审查。近日,双方对外宣布,由于无法解决美国外国投资委员会"有关国家安全的顾虑"，双方已决定停止此项交易。

Lumileds 项目的停止不是与飞利浦公司合作的终止，金沙江 GO Scale Capital 牵头的银团现也正积极参与飞利浦照明集团的并购。

金沙江 GO Scale Capital 董事长伍伸俊对记者表示："在与飞利浦合作的过程中，双方建立了真诚互信的关系，将继续加深与飞利浦合作。通过此次交易，金沙江 GO Scale Capital 积累了丰富的经验。金沙江和中资银团将会不遗余力地继续寻找有核心技术、有广阔市场的投资项目。金沙江 GO Scale Capital 衷心感谢中国投资有限责任公司、亚太资源开发投资有限公司和南昌工业控股集团有限公司等中资、外资财团的鼎力支持，感谢中国银行银团对此交易的融资支持，感谢各界在这近一年内的真诚协助与信任。我们坚信，通过技术创新、产业升级，我们可以在中国，成就世界级的高科技公司。"

在这一起震动全球的并购案件中，笔者作为专利律师被深度牵扯了进去，连 2015 年春节都没有休息一天，最终由于美国政府的干预导致收购失败，实在令人惋惜。

言归正传，本文还是继续讨论此次收购本身吧。

2014 年年底，金沙江 GO Scale Capital 找到笔者，希望笔者能够对飞利浦在全球的几千件涉及 LED 技术的专利进行评估,并帮助审查并购协议中涉及技术转让及许可的条款。

通过此次案件,笔者有机会对 LED 行业的世界顶级公司的专利布局及战略进行了近距离的观察。

飞利浦公司对其全球专利布局有着清晰的规划,以重点布局欧美为主,对于中国大陆、日本、韩国、中国台湾、新加坡等存在竞争对手的国家或地区也有着重点专利布局。在笔者重点研究的 4 000 件左右的美国专利中,基本覆盖了其在美国销售的产品中的主要技术,其内部均有对这些技术的详细日志。

另外,为了维持其全球的大量专利,飞利浦公司从这些专利中挑出大部分产品均使用到的专利作为基础专利放到对外许可的专利池中,用于将其许可给同行,获得了可观的收入,将这些收入投入研发,又可以获得更有价值的专利。这样的良性循环,确保了飞利浦公司在全球 LED 行业长久的领先地位。

飞利浦的专利布局及专利运营手段值得中国企业学习。

笔者认为,虽然中国企业难以投入像飞利浦公司这样的巨额资金进行专利布局和专利运营,但是以下几点对于中国企业仍具有可操作性。

(1)区分市场确定专利申请策略。

(2)将核心技术申请为基础专利,利用专利诉讼进行许可以便从中获利。

（3）对上下游企业的外围技术进行专利申请，以便保持谈判优势。

此外，笔者当时全身心投入飞利浦在 LED 技术领域的专利的全方面分析时，对中国企业在专利方面的巨大进步感到很欣慰，虽然国外顶尖企业的研发和专利战略仍然让人惊叹，但中国企业与国外同行的差距已经大大缩小。

回忆起 12 年前接受德意志银行的委托对金山公司的专利侵权评估的情景，回忆起 10 年前接受当时还是如日中天的诺基亚公司的委托对华为公司的专利进行价值评估时的场景，回忆起 8 年前代理珠海墨盒制造商在日本反诉佳能公司的场景，回忆起日本电子协会咨询笔者如何在中国避免被诉专利侵权的场景……中国企业在近十几年的时间，从完全代工，到山寨横行，再到有了创新意识，再到利用创新的专利技术打击国外同行，其中的艰辛和挣扎可想而知。

在这个案件的代理过程中，笔者感觉到国外制造业巨头们在专利布局及专利战略上投入了巨大的资金和精力，但是对于商标的规划使用明显重视不够。这也能解释为什么苹果公司这样的行业巨头会在 iPad 商标上遭遇重大损失。根据笔者多年的知识产权从业实践，中国企业对于商标的应用已经达到了国际水准，希望在不远的将来，中国企业对于专利制度的应用也能让国外同行望洋兴叹。

中国专利第一人是怎样炼成的

> 天才就百分之一的灵感加百分之九十九的汗水。——爱迪生

湖南有"两父"：杂交水稻之父和空心楼盖产业之父。湖南还有"三超"：超级水稻，超级女声，超级专利发明人。令人吃惊的是，"空心楼盖产业之父"和"超级专利发明人"竟然说的是同一个人。

这个人就是：邱则有。

从专利数量上来看，邱则有申请的发明专利有7000多项，其中，获得授权的专利有2000多项；从维权的方面看，邱则有打了最多的维权官司，胜诉的比例高达90%。

他是怎么做到的呢？

当别人还没有意识到专利的重要性的时候，他已经开始了专利领域的跑马圈地，到2007年，他就已经编织好一张囊括22个产品系列的专利网。当别人刚意识到专利的重要性的时候，他已经开始做专利战略，"狼群战术"屡战屡胜……他是名副其实的中国专利第一人。他说："专业上别人是专家，

专利上我是专家。"

　　邱则有与专利的结缘，其实是个偶然。1995 年，他辞职下海，与妻子共同创建长沙巨星轻质建材股份有限公司。当时，中国银行湖南省分行在建国际金融大厦的时候，想做空心结构，但是没有技术，更没有经验，他们找到邱则有，寻求解决方案。"我们就开始做研发。核心是做产品，几个月后，我们把产品突破了，突破以后，发现在应用上还有很多麻烦，第二次试验的时候失败了……"但是邱则有很快找到了解决办法，他更换楼层继续试验，在 21～38 层采用空心楼盖结构，终于成功，这是空心楼盖技术第一次在高层大楼建设中的使用。

　　邱则有研制成功的空心无梁楼盖技术解决了建筑领域的世界性难题。这项技术的原理是在现浇钢筋砼楼盖结构中，采取埋芯（非抽芯）成孔工艺，在楼盖内每隔一定间距，放置圆形或方形或梯形或异形 GBF 高强复合薄壁管（盒），然后浇灌混凝土，从而形成了类似无数小工字梁受力的现浇多孔空心板或以密肋形式受力的现浇空心板。

　　号称"三湘第一楼"的国际金融大厦竣工后的统计数据表明，使用无梁楼盖技术，直接降低大楼建筑成本，节约投资 610 万元，施工进度加快了 50％。有专家保守估计，使用该技术建造高楼每平方米可降低综合造价 120 元，施工进度提高一倍。

2000 年,我国建筑业现浇砼楼板面积已达 42 亿立方米的规模,若仅在 30% 的面积采用该技术,即可为国家节约投资 1 516 亿元。

但当时的邱则有还没有为自己的成果申请专利,技术最终被偷。邱则有大梦初醒:"他们可以挖你的核心技术人员,可以偷你的商业秘密,技术是无密可保的,唯一的办法就是以技术公开为代价,申请国家专利,得到法律的保护。"

1999 年,他将自己的空心楼盖技术成果,包括新材料制造技术、新结构体系技术、施工技术三个科学范围 21 项自主发明,全部申请了专利。

麻烦接踵而至——申请了专利,打赢了官司,但还是保护不了自己。由于缺乏专利知识,邱则有提交的专利申请非常肤浅,发明成果不会总结,不会将有形的产品提炼成无形的专利权利,自己撰写的专利权利要求书和专利说明书,不是保护范围过宽就是过窄。邱则有痛定思痛,一方面请专利代理人撰写专利,一方面培养自己的维权律师,一方面强化自己的专利知识。"我可以把《专利审查指南》的几个主要章节背下来,你不弄明白,是不行的。"

2001 年,邱则有开始做专利战略。"这应该是我们做专利的转折点。不是简单的申请,而是研究专利。""专利只有用战略战术的观点，进行布局，同时进行产业的研发和创新，才能保护。"

有人统计过，邱则有平均每天申请两项专利，这更让人瞠目结舌。邱则有却说："再难的东西你把它当作娱乐，都有点儿乐趣。"

一流企业做标准，二流企业做品牌，三流企业做产品。邱则有以美国高通公司为例，"他把全世界的通信，大量的核心技术做成了专利，做成了标准，把标准和专利结合是最高的境界。"

中国的核心专利很少，能够制定标准的企业更少。"我把专利做到极致，做到这个程度，很有经验了，我们能做专利战略。很多企业听完我的课后找我做专利战略。他们做研发，我们做战略，这个要做成产业，服务中国每个行业排在前三位的企业，未来十年中，中国有一批顶级企业，做知识产权，成为国际上受人尊重的企业。美国贸易代表团讲我们是小偷，我们说他们是强盗，人家已经告别了强盗，我们不能一直做小偷。这是民族之魂。""我们有几十个行业受人尊重的话，国家才受人尊敬。"

邱则有在个人亲身实践的过程中，已经自然地将跨国企业的所有专利战略都用熟、用活了，正可谓"纸上得来终觉浅，绝知此事要躬行"，也印证了"实践出真知"的道理。

后　记

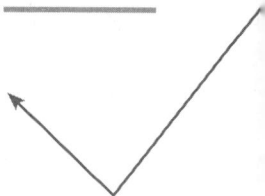

　　作为一名执业律师，笔者已经从事知识产权法律业务 12 年了，身边的客户及同行常常鼓励我出一本书，总结一下执业经验，供后来者观摩，同时也是对自己多年执业的一次静思。

　　笔者从 2004 年开始接触专利案件，当时的客户全是国外 500 强企业。由于当时所办理的案件都是国内企业侵权国外企业的专利，所以形成这样一个印象：核心专利基本掌握在国外企业手中，国内企业只能通过规避专利侵权才能够生存。记得在一次原告为国内企业而被告为国外企业的案件审理过程中，有一位法官说过这样一句话："被告是这么大的跨国企业，怎么可能会侵权你们的专利？"这反映出当时国内企业的技术实力连自己人都不相信，笔者感触良深，至今仍然印象深刻。

当时笔者只是觉得这位法官说出这样的话略显不够专业，事后想想也觉得可以理解，毕竟当时大部分案件，特别是最终获胜的案件，都是国外公司作为原告。从技术实力上来讲，国内企业的技术研发能力的确非常有限，还处于起步阶段。

随后的时间里，笔者发现国内企业咨询、起诉国外公司专利侵权的案件越来越多，胜诉的案件也层出不穷。具有代表性的案件是浙江正泰公司与法国施耐德公司的案件，最终以浙江正泰公司获胜告终，并获得过亿元的赔偿。笔者全程参与了这个案件，对于国内企业运用专利进行产品研发，并进行专利布局，最终赢得市场和效益，深感欣慰。

10 年前，笔者代理了以日本佳能为代表的日本企业在中国的专利申请及保护业务，当时为日本企业的专利实力所叹服。但是 5 年前，日本电子协会组团邀请笔者为其讲解国内专利保护现状时，笔者明显感觉到他们的不安，他们的问题不再是如何避免技术被中国企业抄袭，而是如何发现和避免自己侵犯了中国企业的专利权而被诉。作为中国技术进步的见证者，笔者深以为豪。

笔者自 2010 年成立北京冠和权律师事务所以来，业务重心从国外业务逐步转至国内业务，执业过程充满欣慰和兴奋，越来越多的企业以技术创新为重心,以突破国外技术瓶颈为己任。笔者将事务所的使命定位为"中国制造"走向"中国创造"的同行者。

本书汇集了笔者12年执业过程中的专利实战经验,希望能为民族工业的腾飞贡献微薄的力量。

在本书即将付梓之际,感谢笔者的合伙人崔征先生,他在本书的专业定位和素材准备方面花费了大量时间。感谢清华大学出版社的责任编辑彭欣,她为本书的出版花费了大量的心血,不厌其烦地与笔者沟通图书的版式和措辞。

最后,希望本书能对国内企业的专利布局及战略策划有所帮助。为了使本书在再版时更加贴近企业的需求,如果您有任何想法,请与笔者联系:jack@crownandrights.com,感谢您的支持!

朱　健